KB116840

OTD코퍼레이션 손창현의
당신의 취향을 삽니다

OTD코퍼레이션 손창현의
당신의 취향을 삽니다

1판 1쇄 인쇄 2022. 4. 11.
1판 1쇄 발행 2022. 4. 18.

지은이 손창현
인터뷰 신기주

발행인 고세규
편집 심성미 디자인 정윤수 마케팅 백미숙 홍보 이한솔
발행처 김영사
등록 1979년 5월 17일 (제406-2003-036호)
주소 경기도 파주시 문발로 197(문발동) 우편번호 10881
전화 마케팅부 031)955-3100, 편집부 031)955-3200 팩스 031)955-3111

값은 뒤표지에 있습니다.
ISBN 978-89-349-6163-5 04320
     978-89-349-8001-8(세트)

홈페이지 www.gimmyoung.com   블로그 blog.naver.com/gybook
인스타그램 instagram.com/gimmyoung   이메일 bestbook@gimmyoung.com

좋은 독자가 좋은 책을 만듭니다.
김영사는 독자 여러분의 의견에 항상 귀 기울이고 있습니다.

YOUNG & RICH

OTD코퍼레이션 손창현의

당신의 취향을 삽니다

ISSUE   손창현   영앤리치
02   지음   새로운 부를 꿈꾸는 사람들

김영사

차례

가슴 떨리는 일을 하는 사람, 손창현

위기에 더 강해지는 사람이 있다. 위기에 더 빛나는 사람이 있다. 손창현은 코로나라는 파도를 탈 줄 안다.

사업에서 위기는 상수다. 상수이지만 예측이 쉽지 않다. 한 달이면 물러날 줄 알았던 파도는 6개월, 1년, 2년이 지나도록 기세를 꺾지 않았다. 처음 만났을 때 손창현은 그 파도 위에서 잠시 숨을 고르고 있었다. 인터뷰가 끝날 무렵, 그는 노련한 서퍼가 되어 있었다. 배를 뒤집고도 남을 그 파도가 손창현을 성장시켰다.

재미있는 일을 하면 잘하는 일이 된다. 손창현은 그 사실을 본능적으로 알았다. 꿈을 정하지 않았던 때부터 재미를 무의식적으로 좇았다. 한자리에 앉아서 몇 시간이나 엉뚱한 그림을 감상하고 심시티라는 게임에 빠져 지내던 청소년기, 설계를 하느라 밤을 새던 대학 생활, 부도심의 생기를 발견하고 졸업 시기까지 늦추며 일을 배웠던 인턴 생활, 건물의 경쟁력을 높이기 위해 콘텐츠를 채워넣던 회사 생활, 그리고 도시의 분위기를 완전히 바꿀 정도의 핫플레이스를 기획하던 창업자이자 CEO로서의 생활까지, 손창현은 한순간도 재미와 멀어진 적이 없다.

그렇다, 생활이다. 그의 생활 자체가 재미였다. 의미가 담긴 재미를 추구하는 매우 고급스러운 취향이 있었다. 그래서 손창현의 취향에 사람들은 열광했다. 아크앤북의 멋들어진 아치와 그보다 더 아름다운 책들, 성수연방의 공장과 소매점이 어우러진 싱싱한 생기와 그보다 더 조화로운 붉은 벽돌들, 땡굴스토어의 개성 넘치는 소품들과 그보다 더 향긋하고 맛있는 소리들. 우리는 그가 만든 공간에서 오감을 열 수 있다.

손창현의 주무대는 오프라인이다. 그래서 땡굴마켓

이 탄생했다. 오프라인에서의 성공 경험이 없었다면 평범한 배달 플랫폼이 되었을지도 모를 땡굴마켓을 손창현은 소울푸드 새벽 배달 플랫폼으로 만들어냈다. 너도나도 온라인에 뛰어들 때 그는 아무도 배달하지 않던 세상의 유일무이한 맛집들을 온라인에 모아 보여주었다. 다시 한번 사람들은 열광했다. 손창현에게는 사람들의 열광이 곧 그 개인의 성취였다. 과정상의 수백 번의 실패를 보상하고도 남을 짜릿함이 있었다.

당신은 어디에 머무르길 원하는가. 일하면서도 쉴 수 있고, 책을 읽으면서도 먹을 수 있는, 긴장하지 않고도 능률을 올리고 휴식을 취할 수 있는 공간일 것이다. 그런 물리적인 공간이 확보될 때만이 심리적인 공간도 생길 것이다. 재미를 즐기고 의미를 찾고 취향이 발동하는 공간.

손창현은 사람이 들끓는 도심을 피해 뒷골목 어딘가에 경계가 무너진 물리적인 공간을 마련해두고 사람들에게 심리적인 공간을 경험하게 한다. 손창현은 오프라인 공간의 힘을 믿는다.

하고 싶은 일을 하고자 하는 마음으로 곧 터져버릴 것 같은 사람, 스스로를 감동시키고자 하는 의지로 충만한 사람, 그리고 그 길을 걸어온 사람. 손창현에게 창업은 그런 것이었다. 재미있는 일을 하면서도 세상을 바꿀 수 있다고 믿는 사람에게 손창현의 이야기를 들려주고 싶다.

신기주

<u>**ONE**</u>

재미있는 것을
할까,
잘하는 것을
할까

이기적인 선택을 하는
창업가

재능의 취향:
건물 안에서 건물 밖으로

너무나 좋아하는 천재적인 건축가의 작품을 보면서 내가 그 정도 레벨까지 올라가지 못할 거라는 것을 받아들이게 됐어요. 그럴 바에야 내가 좋아하는 일을 하자고 마음먹었던 거죠.

제가 아크앤북 시청점을 정말 좋아했고 자주 다녔습니다. 그런데 폐점했더군요. 무슨 일이 있었던 건가요?

저희도 코로나 바이러스를 피하지는 못했어요. 아크앤북 열 개 지점 중 여덟 개 지점은 팬데믹에서도 흑자였습니다. 아크앤북의 시그니처라고 할 수 있는 딱 두 지점, 시청점과 성수점만 적자였어요. 전략적 결정을 해야만 했습니다.

개인적으로 무척이나 공을 들였던 공간이라서 폐점 결정이 쉽지는 않았어요. 하지만 고집을 부렸다간 회사 전체가 부도 위기에 몰릴 것 같았습니다. 팔을 잘라내는 심정이었습니다. 폐점으로 그 공간에서 사람들이 쌓았던 추억도 함께 사라져버린 거예요.

14   아크앤북 시그니처는 사라지지 않았습니다. 아치 천장을 우리 모두 기억하고 있어요. 어려서부터 디자인에 관심이 있었던 거죠?

그림을 잘 그리긴 했어요. 그림 보는 것도 참 좋아했 고요.

어렸을 때는 집에 걸려 있는 그림을 한 시간 동안 바라보기도 했어요. 탈춤 그림이었는데, 나중에 알 고 보니 그림이 거꾸로 걸려 있더라고요. 거꾸로 봤 기 때문에 다르게 해석할 수 있었던 거예요.

고등학교 다닐 때는 '심시티'라는 게임에 빠져 지냈 어요. 저는 총싸움 게임보다 백화점과 공장을 짓고 항공사 운영하는 시뮬레이션 게임을 좋아했습니다. 수도관이며 전기를 연결하다 보면 시간 가는 줄 몰 랐어요.

남보다 시각적으로 예민한 사람들이 있죠. 대표님의 재능이랄까 감각이 대표님이 만든 공간에 다 묻어 있는 것 같습니다. 큰 그림, 작은 그림 다 있는데 어떤 사람은 큰 그림만 보고 어떤 사람은 작은 그림만 보는데 대표님은 둘 다를 본다는 느낌을 받았어요.

디자인 쪽에 관심이 있다기보다는 눈에 거슬리는 구조나 색을 못 참는 거죠. 그래서 괴로울 때도 있지만, 한편으로는 그래서 디테일을 보게 되니까 좋습니다.

미술에 대한 재능과 조형에 대한 관심이 자연스럽
게 건축 전공으로 옮겨간 걸까요?

정확히 말하면, 재능이라기보다 시각적인 것에 집착
하는 면이 있었어요. 색의 배합이나 구도 같은 것.

건축을 전공하기로 한 것도 전략적인 선택이었어요.
자의식이 강했다면 미술을 전공했을 거예요.

지금은 안 그렇겠지만 제가 중고등학생이었을 때만
해도 미술을 전공하겠다고 마음먹기가 쉽지 않았습
니다. 제 친척 어르신도 그렇고, 무엇보다 저희 아버
지가 남자가 미술 전공해서 어디에 써먹냐고 말씀
하셨거든요. 실은 문과 쪽이 더 적성에 맞았는데도
이과를 선택해버렸어요. 언어 영역은 만점을 받는데
수학 쪽은 영 아닌, 전형적인 문과생이었습니다.

아들에 대한 아버지의 특별한 기대가 있었던 거
군요.

기본적으로는, 아버지가 너무 똑똑해서 자식들을 다 못마땅해하셨어요. 어렸을 때부터 수재 소리를 듣고, 부산고, 서울대를 나오셨거든요. 삼성에서 임원까지 하셨어요.

학교 다닐 때 저는 겉으로는 조용한 학생이었어요. 성적도 괜찮은 편이었어요. 성적 높은 학생들에게만 강요하는 야간'자율'학습을 하기 싫어서 저 대신 친구를 그 학습반에 넣었다가 담임선생님에게 걸려서 혼이 나기도 했고.

아버지 관심도 제 형에게 더 집중되어 있었어요. 차남인 저한테는 그냥, 사고만 치지 말라, 그 정도였어요. 어렸을 때는 서운하기도 했죠.

하지만 저에 대한 아버지의 관심이 상대적으로 적었기 때문에 그 여백을 제 관심사로 채울 수 있었어요. 제가 하고 싶은 것을 마음껏 찾아보고 실험해볼 수 있는 심리적 공간이 있었던 거예요.

형에게는 그런 여백이 없었기 때문에 아버지와 갈등이 심했어요. 아버지의 기대와 본인의 관심사가 계속 충돌했으니까요.

또 제가 공대로 진학한 건 결과적으로 잘한 선택이었습니다. 건축학과에 입학해서 보니까 수학 말고도 인문학이 있더군요. 역사와 철학을 공부하는 게 재밌었어요.

대학 다닐 때는 완전히 건축에 빠져 지냈어요. 방학 때도 학교 설계실에서 밤을 샐 정도로 몰두했어요. 특히 스티븐 홀이라는 건축가를 좋아했습니다. 그 사람이 만든 건축물을 보려고 3천 원 파트타임 시급을 모아서 몇백만 원짜리 책을 사기도 했죠. 건축 일이 저하고 잘 맞다고 생각했습니다.

하지만 건축을 공부하면 할수록 다른 생각이 슬슬 들었어요. 제가 만든 건물은 어디까지나 클라이언트의 건물이지, 제 작품은 아니잖아요.

자신이 지은 건물에 자신이 못 들어간다. 건축가의 비애라고 할 수 있죠.

남이 원하는 것을 만들기보다 내가 원하는 것을 만들고 싶다는 욕심이 생기는 거예요. 건축이 재미없다는 생각이 들었어요.

저는 제가 원하는 것을 만들고 싶은 사람이지, 남이 원하는 것을 만들고 싶은 사람은 아니었던 거예요.

내가 잘하는 것과 좋아하는 것 중에 잘하는 것을 선택하는 편이 더 안전하다고들 합니다. 하지만 창업자 대부분이 잘하는 것보다 좋아하는 것을 좇는 경향이 강하더군요.

스포츠 선수를 꿈꾸든 연예인을 꿈꾸든, 꿈을 꿀 땐 꼭대기까지 갈 수 있을 것 같잖아요. 하지만 최정상의 영광은 극소수의 사람만이 누릴 수 있습니다. 실제로는 대부분이 그 경지에 이르지 못해요.

제법 잘한다는 소리를 듣다 보면 그 일에 내가 대단한 재능이 있구나 착각하기 쉬워요. 저한테도 건축가로서의 대단한 꿈이 있었습니다. 그런데 그것이 착각일 수 있다는 자각을 한 거예요.

너무나 좋아하는 천재적인 건축가의 작품을 보면서 내가 그 정도 레벨까지 올라가지 못할 거라는

것을 받아들이게 됐어요. 그럴 바에야 내가 좋아하는 일을 하자고 마음먹었던 거죠.

건축 일을 더 하지 않은 데는 이런 이유들이 있었죠. 하지만 건축 공부를 할 때는 누구보다 열심히 했습니다. 교내에서도 물론이고 각종 공모전에서 상도 많이 받았고요.

이 길이 내 길이 아니라는 것을 확인하는 것도, 내 길이 아닌 길을 걸어본 다음에야 가능합니다. 결과가 같다고 해도 다 같은 게 아니에요. 어떤 과정을 거쳤느냐에 따라 전혀 다른 경험치가 쌓이고 자신만의 판단 기준도 세울 수 있으니까요.

그렇다면 어떤 경험이 건축가에서 디벨로퍼로 방향을 틀게 만든 걸까요?

건축설계사무소에서 일하게 되면서 디벨로퍼라는 직업을 처음 접했어요.

한국의 1세대 건축가들 중에 미국에서 본인 설계사무소를 낸 분들이 있습니다. 그분들이 후배들에게 설계사무소에서 일할 기회를 제공해준 덕분에 저도 그 혜택을 봤죠.

미네소타와 샌프란시스코 중 하나를 선택할 수 있었습니다. 미네소타에 계신 건축가가 더 유명하긴 했는데, 주위에서 미네소타만큼 재미없는 도시도 없다는 거예요. 공부도 공부지만 더 역동적인 도시로 가서 재미도 보자 싶어서 샌프란시스코로 갔습니다.

3개월짜리 프로그램이었는데, 1년이나 머물렀어요. 막상 가보니까 샌프란시스코가 상상 이상으로 재밌었거든요.

샌프란시스코에 원래 계획보다 오래 머무는 바람에 교수님들에게 한소리 들었어요. 논문 언제 쓸 거냐고 난리가 났죠.

제가 그런 선택을 하게 된 데에는 군대 생활이 영향을 미치기도 했습니다. 카투사로 복무했는데 제가 일을 너무 잘하는 바람에 미군 상사가 한국군에 요청해서 진급을 빨리 시켜줬어요. 저는 아날로그에 집착하는 사람이라, 졸업 작품 만들 때도 도면을 손으로 직접 다 그렸어요. 디지털로 급격하게 전환되던 시기에 캐드 안 쓴 사람은 아마 저밖에 없을 거예요.

윈도우 깔 줄도 모르는 저를 군대에선 전산병으로 앉혀 놓았으니, 저 혼자 이걸 어쩌지, 했죠. IP와 이

메일 등등을 관리해야 했습니다. 누군가 컴퓨터 쓰다가 문제가 생기면 제가 출동해서 문제를 해결해야 하는데 눈앞이 얼마나 깜깜했겠어요.

그래도 어찌어찌 적응하고 일도 배우고 했는데, 다른 사람들이 보지 못한 문제를 발견하게 됐습니다. 파일들이 하나도 정리가 안 되어 있더라고요. 카테고리가 없어서, 자료 하나 찾으려면 시간이 너무 걸리는 거예요. 그래서 제가 여기저기 흩어진 자료들을 한데 모아서 찾기 쉽게 범주화하고, 따로 매뉴얼까지 만들었어요. 군대 생활이, 믿지 않으시겠지만, 정말 재밌었습니다.

그렇게 군대에서 인정받고 승진하면서 자신감이 생겼고, 실은 그 자신감으로 미국행을 결정하게 된 거예요. 나는 어디 가서도 잘할 수 있다.

군대에서처럼 샌프란시스코에서도 재미를 발견하셨던 거군요. 샌프란시스코에서의 경험이 대표님이 지금 공간을 만드는 데 큰 영향을 미쳤다고 봐도 될까요?

네. 샌프란시스코는 정말 매력적인 도시예요. 미국 중부와 서부 문화, 미국과 아시아 문화가 공존했어요. 파머스마켓 같은 로컬을 지향하는 라이프스타일을 경험하고, 그것이 가능했던 도시의 역사와 맥락을 이해하게 된 거죠.

정말 운이 좋았습니다. 그 당시 샌프란시스코의 문화가 서울에서 재현되는 이 시점에 제가 이 일을 하고 있는 것도 행운이고요.

미국에 가기 전까지는 디벨로퍼라는 직업을 들어서 알고는 있었지만 정확히 무슨 일을 하는지는 몰랐어요. 라스베이거스를 만든 사람에 대한 영화가 있어요. 사막 한가운데 도박장과 호텔을 세우기 시작해 라스베이거스를 도시로 탈바꿈한 이야기예요. 제가 디벨로퍼에 대해 알고 있는 것은 딱 그 수준이었습니다.

한국에서도 신도시를 세우거나 도시 재생 사업을 하긴 하잖아요. 미국과 다른 점이 있나요?

한국에서는 디벨로퍼가 수동적인 편이에요. 도시 재생을 정부에 일임하는 경향이 있습니다. 하지만 유럽이나 미국에서는 그러지 않아요. 민간이 주도해서 도시를 탈바꿈시킵니다.

정부가 도시를 탄생시키기도 하지만, 어디까지나 일시적일 뿐이에요. 도시는 도시 사람들에 의해 재해석되기 마련입니다. 도시를 하나의 생명체로 바라보는 시선이 우리나라에는 없어요.

젠트리피케이션 단계에서 우리나라는 정부가 개입해서 도시를 재생시켜요. 정부가 주도하면 모든 도시가 똑같은 모습으로 박제되어버립니다. 도시 재생 사업이 아니라 분양 사업으로 변질되기도 하고요. 장기간 가꾸어야 하는 도시의 콘텐츠에는 관심이 없고 단기간 떼돈 버는 것에만 눈독을 들이죠.

하지만 미국에서는 민간 디벨로퍼가 나섭니다. 그래야 에너지가 넘쳐요.

우리나라에는 건강한 디벨로퍼가 없다는 뜻으로 이해해도 될까요? 택지지구 분양받아서 비싸게 팔아먹는 사람을 디벨로퍼로 오해를 하고 있다고 봐도 될까요?

도시 공간을 새롭게 해석하고 재생하는 일이 디벨로퍼의 일이고 곧 저의 일이기도 해요. 한국에서는 디벨로퍼가 돈놀이하는 사람으로 인식되어 있는데, 디벨로퍼는 기본적으로는 크리에이티브해야 해요.

땅을 매입하고 어떤 건물을 지을지 결정하고 콘셉트에 맞게 설계하는 이 모든 과정이 창의적이어야 해요.

하지만 돈 되는 일이 아니잖아요.

네, 제 고집이에요. 제 문제예요.

저는 시간이 걸리더라도 역사와 맥락을 고려한 공간, 새로운 의미를 부여할 수 있는 공간을 만들고 싶어요. 그게 맞다고 생각하고요. 그게 맞다는 걸 보여주고 싶어서 끊임없이 도전하고 있어요. 무엇보다 그 일이 재밌습니다.

돈의 취향:
회사 안에서 회사 밖으로

스타트업을 꿈꾸는 친구들 중에는 성공한 몇몇 케이스만
보고 언제 창업해서 언제 매각을 하고 언제 여행을 다니겠
다고 말하는 사람이 있어요. 돈에 구속되지 않겠다 하는
순간 불행해집니다. 그 자유는 영영 오지 않을 거예요.

지금까지 하셨던 일 대부분이 모두 오프라인에서 가능했던 것들입니다. 서울에서, 성수동에서, 거리에서. 회사가 한창 잘나갈 때 코로나가 습격하는 바람에 휘청했습니다.

회사가 어려워진 건 환경 탓도 있지만 기질 탓도 있는 것 같아요. 저는 제가 철저하게 비즈니스를 하고 있다고 생각했는데, 아니었던 거예요. 하고 싶은 것을 너무 많이 했기 때문에 사업을 축소하는 과정에서 아크앤북 몇몇 지점 문을 닫기도 하고 성수연방에서 손을 떼기는 했지만 띵굴은 건재합니다. 온라인으로 자리를 옮겼거든요.

아티스트 기질이 있으니까요, 무조건 예뻐야 하고 무조건 재미있어야 한다는. 대표님 인생에 돈이 최우선 순위가 아닌 것 같아요. 대표님은 왜 그런 사람이 됐을까요?

돈이 많으면 편하기야 하겠죠. 저에게 돈은 수단일 뿐이지 목표는 아닌 것 같습니다. 제가 들었던 이야 기를 들려드릴게요.

스타트업을 만들어서 뭔가 세상에 도움이 되는 일 을 해보고 싶은 사람이 있어요. 이 사람은 좋은 집안 에서 태어나서 유산도 물려받았고 좋은 직장에 다 니고 있었죠.

그러니까 아버지가 아들에게 말해요. 네가 하고 싶 은 일을 하고자 한다면, 세상을 바꾸고 싶다면 많은 것을 희생해야 한다. 아버지가 아들에게 묻죠. 돈은 모자랄 거고 직장도 없는 셈이다. 너는 그럴 준비가 되어 있니? 아들이 뭐라고 답했을까요?

저는 그렇게까지 못할 것 같은데요. 그러니까 아버지가 말해요. 그러면 너는 사업을 하면 안 돼.

저는 이 이야기를 창업을 꿈꾸는 사람들에게 꼭 해요. 죽기 직전까지 고통스럽다고, 상상도 못한 많은 것을 포기해야 한다고.

하지만 그것을 하지 않으면 안 되는 사람들이 있잖아요. 그 일을 하지 않는 게 더 고통스러운 사람들이 있잖아요.

좋아하는 일을 하기 위해 다른 거의 모든 것을 잃더라도 나는 절대 불행하지 않다고 자신 있게 말하는 사람이라면 그 일을 시작해도 됩니다.

스타트업을 꿈꾸는 친구들 중에는 성공한 몇몇 케이스만 보고 언제 창업해서 언제 매각을 하고 언제 여행을 다니겠다고 말하는 사람이 있어요. 돈에 구속되지 않겠다 하는 순간 불행해집니다. 그 자유는 영영 오지 않을 거예요.

성공하는 사람은 극소수예요.

실제로 스타트업으로 대단한 성공을 한 사람들은 나는 돈을 좇지 않았다, 세상에 이로운 가치를 좇았다고 말해요. 사람들은 안 믿겠지만, 제가 만나 본 성공한 사업가들 열에 아홉은 정말로 그렇게 말합니다. 그분들은 돈이 엄청나게 많아도 또 일을 합니다.

저만 해도 어릴 때 어른들이 말하는 좋은 삶이란 게 있었어요. 어디 학교에 가서 무슨 공부를 하고 여기에 입사하면 네 삶은 탄탄대로다, 혹은 이 시험에 붙으면 결혼도 잘할 거다. 지금은 그런 일방적인 메시지가 작동하는 시대가 아니잖아요. 훨씬 자유로워졌지만 그만큼 책임이 큰 거예요.

그리고 그 메시지를 따른다고 해서 다들 성공하나요? 모두에게 적용할 수 있는 성공 공식 자체가 세상에는 없어요. 앞에서도 말씀드렸지만, 겉으로 성공한 것처럼 보여도 그 사람들 각자가 경험한 시행 착오는 다 달라요. 저는 '좋은 삶'이라는 자체를 정의하는 것도 바보 같은 일이라고 생각해요. 중요한 것은 바로 이거예요.

네가 하고 싶은 것을 해라, 그런데 돈만 생각했을 때는 그 대가가 결코 크지는 않을 거다. 이걸 정확하게 알고 시작해야 한다고 생각해요.

한 가지 덧붙이자면, 일찍 시작해라, 이 길이 아니다 싶으면 원래의 삶으로 되돌아가도 된다.

저는 늦게 창업했거든요. 나이 들어서 하려니까 실패가 너무 두려운 거예요. 조금만 더 경험 쌓아서 창업해야지 하면 결국 시작 못할 공산이 커요.

매일 정해진 시간에 회사로 출근해서 똑같은 일을 반복하고 정해진 시간에 퇴근하는 분들이 있습니다. 그런 삶이 잘못됐다는 게 아니라, 그런 삶에 만족을

느끼는 분이라면 창업하면 안 된다고 생각해요. 저
는 그런 삶에 재미를 못 느꼈어요. 너무 뻔하고 너무
지루했어요.

아버지가 삼성에서 임원까지 하셨습니다. 어릴 때
아버지를 보면서 나는 절대로 삼성에 가지 않을 거
야, 다짐했는데, 어느새 제가 삼성을 다니고 있는 거
예요.

재미가 없었어요. 주도적으로 일할 기회가 주어지
긴 했습니다만 제가 조직에서 하나의 부품에 지나
지 않는다는 생각이 들었어요. 아무리 큰 기회가 주
어져도 한 개인이 할 수 있는 일은 정해져 있거든요.

재미가 뭐가 중요해? 따박따박 들어오는 월급으로 여유롭게 사는 게 더 중요하지, 생각하는 사람들이 있잖아요. 대표님에게는 그것보다 재미가 중요했다는 거죠?

네, 재미가 없으면 동기부여가 안 돼요.

삼성은 정말 좋은 회사예요. 복지도 훌륭하고, 삼성 다닌다고 하면 사람들이 한 번 더 쳐다보기도 하고. 그런데 저는 행복하지 않았어요. 되지도 않을 일에 끌려다녔어요. 안 될 줄 알면서도 그냥 그 일을 하는 거예요. 고민을 많이 했습니다. 공부를 더 해볼까? 공부를 해서 학자가 될까?

애경그룹에서는 최연소 팀장으로 오너에게 직보까지 했습니다. 지금 생각해도 말도 안 되는 그 큰 프로젝트를 진두지휘하면서 계열사 대표님들과 직접 소통하는 경험을 했죠. 그런데 제가 오너는 아니니까 제가 결정할 수 있는 데는 한계가 있더라고요.

하고 싶었는데 할 수 없는 게 많았어요. 제가 아이디어를 가져가면, 성공 사례를 가져와보라, 하는 식이었어요. 이 회사에 자금이 없어서 그런가, 자금이 풍부한 회사로 가면 내가 하고 싶은 일을 할 수 있을까, 해서 회사도 옮겼지만 달라지는 건 없었어요.

저는 누군가의 성공 전철을 밟고 싶었던 게 아니었어요. 제가 다른 사람보다 먼저 시작해서 최초로 성공하고 싶었거든요. '똘끼'가 있었죠.

너무 굶주린 상태였어요. 차라리 창업을 해볼까? 창업해서 내가 하고 싶었던 것을 한번 해볼까? 하는 생각이 그때 들었습니다. 그래서 삼성에서 나오게 됐습니다.

퇴사 때 각오는 딱 1~2년만 미친듯이 내 일을 해보

자였습니다. 이 길이 아니다 싶으면 그때 공부를 하자. 그런데 그 일을 시작한 지 어느덧 8년이 다 되어가요.

재미란 게, 어쩌면 고생의 양과 비례하는 것 같다는 생각도 들어요. 일이 너무 쉬우면 재미없잖아요. 누가 봐도, 좀 어렵겠구나, 좀 고생이겠는데, 하는 장애물이 있어야 그걸 넘기 위해 전력도 하고 그러면서 내 능력도 극대화되고 나만 아는 전략도 생기고 하는 것 같아요. 그리고 또 그런 노하우가 쌓이면 선순환으로 일이 또 더 재미있어지기도 합니다.

회사 안에서 자리를 잡았는데도 그걸로도 부족했다고 느낀 거네요.

회사에 계시는 임원들을 보면서 생각했어요. 20년 후 내 모습일 수도 있다. 내가 20년 후 저 자리에서 과연 행복할 수 있을까. 절대, 절대 아니라는 확신이 있었어요.

아버지 이야기를 또 하게 되는데, 저희 아버지가 잘 나갈 때는 온갖 스포트라이트를 받았어요. 그런데 퇴임하고 나니까 아무것도 아닌 사람이 된 것 같았어요. 노후 준비도 충분히 하셨기 때문에 크게 걱정을 하시는 것도 아닌데, 그냥 제가 보기에 그 길은 제 길이 아닌 것 같았어요.

누가 시켜서 하는 일은 아무리 잘한들 성취감 같은 걸 느낄 수가 없었어요. 저는 제가 하고 싶은

일을 하고자 하는 욕망 때문에 거의 터질 지경이었거든요.

그런 욕망은 스스로도 제어를 못합니다. 안 하고는 못 배기죠. 하고자 하는 욕망, 이것이 그 어떤 전략보다 강력한 전략일 수도 있다고 생각해요. 누군가의 눈에는 미친 사람처럼 보일 수도 있겠죠. 그런데 어쩌겠어요. 배고픈 사람이 목마른 사람이 생존을 위해 본능적으로 먹을 것과 마실 것을 찾듯이 저도 나아갈 수밖에요.

그 길로 가지 않아도 기회가 있을 것이다 생각하
신 거네요. 하지만 수입을 아예 생각하지 않을 수
는 없었을 텐데요.

창업한다고 했을 때 반대가 정말 심했습니다. 하지
만 제 의지는 확고했으니 경제적인 문제만 해결되
면 되는 거였어요. 다행히도 모아놓은 돈은 좀 있었
습니다.

지인의 건물을 리뉴얼했어요. 임대 수입이 확 오르
니까, 그 건물을 팔 때 신고가를 찍었어요. 그래서
그분이 저에게 고맙다면서 정말 말도 안 되게 많은
돈을 저에게 주셨어요.

돈을 바라고 한 일이 아니고, 회사 밖에서 제가 재밌
게 할 수 있는 일을 찾아서 한 건데 기대 밖의 수익
이 생긴 거죠. 제가 창업을 안 하고 그런 일을 계속

했으면 지금보다 돈은 더 많이 벌었을 거예요.

하지만 브로커로 사는 게 싫었어요. 제가 하는 일이
대단한 일이라고는 느껴지지 않았어요. 그 일을 해
서 돈은 벌었지만 돈 되는 일보다 의미 있는 일을
하고 싶었어요.

사람들은 재미도 있고, 의미도 있는 일을 찾지만 두 가지를 다 충족하기가 쉽지 않습니다. 어쩌면 한 가지만 제대로 찾아도 다행이라는 생각입니다.

그걸 못 찾으면 창업해서는 안 됩니다.

스타트업 시작할 때는 돈도 없고 사람도 없고 아무것도 없어요. 정말 되는 게 아무것도 없어요. 열정 하나로, 현재 세상에 존재하지도 않은 그 무엇이 잘될 거라고 사람들을 설득해야 해요.

저한테 확신을 주는 사람도 없어요. 확신은커녕 저주를 퍼붓는 편에 가깝죠. 다 안 될 거라고 말해요. 그건 '반드시' 실패한다고. 그러니까 그 확신이 자기 자신에게 없으면 그 가시덤불 속에서 단 하루도 못 버텨요. 확신을 가지고 투자자도 설득하고, 직원도 설득하고, 고객도 설득해야 해요. 세상에 없는 무언가에 대해서요. 실체도 없는 무엇에 대해, 이것을 하기만 하면 잘될 거라고 매일 설득하는 게 스타트업의 일입니다.

세상을 바꿀 수도 있는 일인데 얼마나 재미있고 또 얼마나 의미 있는 일이겠어요. 그래도 우선순위를 따지자면, 재미가 먼저이고 의미가 그다음입니다. 의미부터 채우려면 재미가 덜하겠죠. 재미가 덜하면 그 일을 계속 할 수가 없고요.

현실왜곡장애라는 게 있죠. 스티브 잡스도 세상에 없는 것이 세상을 바꿀 거라고 확신했어요.

돈 벌려고 하는 사업은 다 망한다고 스티브 잡스가 말했어요. 돈을 좇지 않았지만 돈을 엄청나게 번 사람이니까 자신 있게 말할 수 있는 거예요.

경제적 자유라는 목표를 실현하는 사람은 극소수입니다. 자유를 얻겠다고 뛰어드는 순간 불행이 시작됩니다. 돈을 좇아서 돈을 벌더라도 재미와 의미를 발견하지 않으면 그 과정 자체가 고통일 거예요.

저는 돈 쓰는 재미를 잘 몰라요. 그런데 스타트업 대표님들을 보면 돈이 생겨도 일을 합니다. 제가 아는 열에 아홉은 그래요. 이미 경제적 자유를 얻었는데도요. 저도 실은 돈 쓰는 재미를 몰라요.

과정 자체를 즐기는 있는 일 하나만 말씀해주신다면?

달고나 라떼를 만들어서 유명해진 가게와 협업해서 달고나 모나카를 개발했고, 그걸 온라인 띵굴에서 단독으로 런칭할 거예요. 그래서 제가 요즘 주말마다 아이스크림 공장에서 일하고 있어요. 한번 가면 종일 머물러요. 달고나 모나카를 열심히 만들고 있죠. 떡집과 협업해서 개발한 흑임자 모나카도 만들어야 해요. 얼른 런칭하고 싶어요. 할 게 너무 많아요.

제 노동에 대해 당장 누가 대가를 지급하지도 않지만 저는 그게 너무나 하고 싶어요. 재미있는 것을 시도하는 가게들이 많아요. 그런 분들 만나면 이것도 같이 해보자, 저것도 같이 해보자, 이런 이야기를 계속 하게 됩니다.

하고 싶은 게 너무 많아서 어떡하죠? 누군가는 하고 싶은 것은 지금 하라고 말했죠. 해보지 않은 것에 대한 후회가 계속 따라다닐 거라고.

제가 사업을 축소하게 됐을 때 저한테 이렇게 말하는 분들이 있었어요. 다 네가 하고 싶은 거 하느라고 지금 이렇게 된 거 아니냐고.

저는 이기적인 사람이에요. 하고 싶은 것을 해야 하니까 가족을 부양하지도 않아요. 제 모든 에너지와 시간을 제가 하고 싶은 일을 하는 데 온전히 다 써야 하니까요.

그러면 또 누가 그럽니다. 그래가지고 어떡할래. 처음에는 그런 말에 흔들렸어요. 그런데 지금은 그렇지 않아요.

회사가 힘들어지면서 개인적으로도 손해를 많이 봤습니다. 제가 그간 벌어뒀던 돈을 모두 회사에 넣었거든요. 회사를 살릴 수만 있다면 뭐든 상관없었어요. 그리고 후회도 없어요.

자부심은 있어요. 남부럽지 않게 한번 살아봤다고 당당하게 말할 수 있어요. 집도 차도 아니고 내가 하고 싶을 것을 마음껏 해봤다는 자부심을 저는 가지고 있습니다.

그리고 감사하게도, 회사가 쓰러지지 않았고 재기할 기회가 생겼습니다. 어려움을 한번 겪고 나니까 잘나갈 때보다 더 당당해졌어요. 더 일이 재미있어졌고요.

나는 이 정도까지 할 수 있는 사람이다, 나는 이 정도까지 견딜 수 있는 사람이다, 하는 믿음이 생겼군요.

회사가 적자를 내면서도 가파르게 성장하고 있었어요. 투자를 계속 받아야 하는 상황이었어요. 자금이 안 들어오면, 그래서 회사가 쓰러지면 너무 많은 피해자들이 생길 거였죠.

저는 그걸 막아냈어요. 실패한 경영자로 끝날 수 있었는데, 그렇게 안 되려고 다시 사람들을 설득한 겁니다.

코로나 시대에 마지막으로 남은 플랫폼이 온라인이다, 땡굴을 온라인으로 가져와보자. 이제는 사람들이 온라인 땡굴의 콘텐츠를 즐기기 시작했어요. 매출이 올랐고, 지금은 예전보다 더 일을 즐기고 있습니다.

망해서 실패하는 게 아니라 포기해서 실패하는 것
이라고들 합니다.

**제가 포기하지 않는 이상은 계속 성공으로 나아가
는 과정이라고 생각합니다.**

코로나를 겪으면서 사기꾼과 사업가가 한끗 차이
라는 걸 알게 됐습니다. 위기의 순간에 제가 돈만
생각했다면 다른 선택을 했을 거예요. 최소한 제 재
산만은 지키겠다고 마음먹었다면 회사는 쓰러졌을
거예요.

**스타트업은, 거절과의 싸움입니다. 투자자를 설득
하는 것도 소비자를 설득하는 것도 하나도 쉬운
게 없어요. 단념하는 순간이 바로 실패입니다. 그
런 의미에서 저는 실패하지 않았습니다.**

제가 땡굴 온라인에 입점시켰으면 좋겠다 하는 가게가 있어요. 당장 가게 사장님을 만나러 가야겠죠. 그런데 100군데를 가면 80군데가 거절해요. 문전박대가 기본입니다. 심한 말을 하시는 사장님들도 물론 있고요. 아무리 마음의 근육이 단련되어 있어도 숱하게 거절당하면 상처를 받습니다.

사업가로서 선택을 하신 거죠. 적지 않은 투자자
들이 대표님의 바로 그런 점에 점수를 주지 않았
나 생각합니다.

투자자만큼 냉정한 사람도 없습니다. 절대 너그럽지
않아요. 최소한 손창현은 사기꾼은 아니야, 정도로
생각하시는 거 같아요. 더 큰 성과를 내야만 위기를
극복한 사업가다, 하는 평가를 받을 수 있겠죠.

잽으로 사람이 망가지는 법이죠. 당시에는 괜찮아도 그 잽이 쌓이면 결국 망가지잖아요.

한 번, 단 한 번의 성공이 그 모든 거절의 상처를 날려버립니다. 그것이 이 일의 재미입니다. 초콜릿 맛집을 찾아서 몇 번의 시도 끝에 입점을 시켰고 완판이 되었다. 저는 그 성공, 그 기쁨 하나면 다른 걸 참을 수 있습니다. 이 짜릿함에 중독되거든요.

저하고 함께 일하던 친구가 대기업으로 이직했다가 다시 돌아온 적도 있습니다. 보수와 안정성 측면에서 그 기업은 나무랄 데가 없어요. 그런데 돌아왔어요. 저하고 일하면서 터뜨린 잭팟이 그리웠다고 해요. 우리가 제공한 서비스가 소비자가 원하는 것과 맞아떨어졌을 때, 그때의 기분은 상상을 초월해요.

일의 취향:
평범한 곳에서 특별한 곳으로

온라인 공간이 제아무리 대세가 되더라도 오프라인 공간을 완전히 대체하지는 못합니다. 온라인 서점에서 책을 효율적으로 구매할 수 있다고 해서 오프라인 서점에서 책을 고르는 즐거움을 포기하지는 않는 것처럼요. 저는 오프라인 공간의 가치를 믿어요.

제가 건축과 도시를 공부하기 시작했을 때만 해도
제 눈에 서울은 재미없는 도시였어요. 멋진 건물은
다 외국에 있다고 생각했어요. 그런데 청계천 복구
시점부터 서울이 다르게 보이기 시작했습니다.

그전에는 해외 도시들의 트렌드를 뒤쫓는 형국이
었거든요. 미국에서는 이렇게 했더라, 일본에서는
저렇게 했더라, 하는 것부터 살피던 도시가 어느 순
간부터 스스로 재생하고 있더라고요. 그게 바로 청
계천 복구였어요. 성공적인 재생 모델이라고 생각
해요.

이제 전 세계에서 가장 흥미로운 도시를 꼽으라면
서울과 LA예요. 서울이 뉴욕이나 도쿄를 눌러버린
거예요.

역동성만 본다면 어떤 도시도 서울을 따라올 수가 없어요. 사무실 임대료만 따져보면 예전에는 압도적으로 광화문 근처가 가장 비쌌습니다. 그 다음이 강남, 여의도 순이었습니다. 그런데 지금은 일등이 강남입니다. 이 흐름을 IT 개발자들이 주도했어요.

쿠팡이나 배민 같은 기업들이 기꺼이 비싼 임대료를 내고 도심에 자리잡았어요. 제조업 기반 대기업들은 본사를 도심에 두지 않는 편이거든요. 하지만 IT 기업들은 달랐어요. 그들은 비싼 임대료를 감수해요. 어떤 개발자를 쓰느냐에 따라 사업 성패가 좌우되거든요. 개발자들은 도심에서, 그리고 좋은 건물에서 일하길 원합니다.

김봉진 대표님의 초대로 배민 사옥에 간 적이 있어

요. 디자인 센스가 무척 좋고 공간에 대한 이해도 굉장히 높은 분이라는 걸 알게 됐습니다. 대표님이 공간을 다시 생각하게 된 계기가 있더라고요. 처음에 사무실을 공들여 만들어놓았는데 개발자들이 매번 카페에 가서 일하더래요. 그래서 근처 카페에 마음껏 출입할 수 있는 티켓을 끊어줬더니 반응이 매우 좋더라는 거예요.

키워드는 라이프스타일이었어요. 그래서 대표님이 신사옥을 만들 때는 개인 업무 공간을 확 줄이고 나머지 공간에 돈을 쏟아부었습니다. 육상 트랙, 캠핑장 같은 걸 만든 거예요.

사람들이 강남을 좋아하는 이유는 딱 하나입니다. '힙'한 곳이 많기 때문이에요. 퇴근한 후에 즐길 거리가 있기 때문이에요. 성수동도 마찬가지입니다. 스타트업들이 모여들기 시작한 거예요.

창업 후 대표님이 손을 댄 곳 대부분이 핫플레이스로 떠올랐습니다. 죽은 상권을 되살렸습니다. 그중에서도 아크앤북, 띵굴스토어, 성수연방, 이렇게 세 개를 대표님의 대표적인 사업으로 꼽아도 무리가 없겠지요? 모두 물성을 강조한 프로젝트입니다. 직접 방문해서 경험해야 하는 곳들이죠.

온라인 공간이 제아무리 대세가 되더라도 오프라인 공간을 완전히 대체하지는 못합니다.

온라인 서점에서 책을 효율적으로 구매할 수 있다고 해서 오프라인 서점에서 책을 고르는 즐거움을 포기하지는 않는 것처럼요. 저는 오프라인 공간의 가치를 믿어요.

코로나 이후 모든 게 온라인으로 넘어갔습니다. 오
프라인 공간들이 어떻게 이 상황을 돌파하느냐가
관건입니다.

코로나 팬데믹이 장기화되면서 도심 상권이 거의
죽었습니다. CBD(중심 업무 지구)의 공실화도 높아지
고요. 어느 나라에 가더라도 CBD에는 그 도시의 역
사가 응집되어 있어요. 대규모 자본이 모여들 수밖에
없죠. 한국에는 광화문, 여의도, 강남을 들 수 있어요.

재미있는 점은 코로나 이후는 강남의 공실율이 낮
아지기 시작했다는 것입니다. 커머스 활황으로 스타
트업이 강남으로 모여든 겁니다. 코로나가 저희 회
사에는 어머어마한 위기였지만, 또 다른 누군가에
는 어마어마한 기회였죠. 성수동도 마찬가지입니다.
2호선 라인에 있고 개발자들이 퇴근 후에 놀 거리가
있으니까.

손창현이라는 사람은 누가 봐도 오프라인 공간 브랜딩의 최고 전문가인데 오프라인에 대한 관심이 예전만 못한 지금은 활동하는 데 제약이 있습니다. 오프라인 공간을 온라인으로 옮기는 메타버스 쪽에는 관심이 없나요? 그 역시도 공간에 대한 이해가 있어야 활동 가능한 영역이라는 생각입니다.

시간이 흐를수록 오프라인 공간에 대한 이해가 점점 낮아질 것 같기는 해요. 어쩌면 전통시장에 한 번도 안 갈 수도 있고 놀이터가 어떻게 생겼는지 모르는 사람도 생기겠죠.

저는 가상 공간보다 실제 공간이 아직도 여전히 더 흥미롭습니다. 책의 물성을 좋아하듯, 현실에서 무언가를 만드는 것에 더 재미를 느끼는 사람이에요.

가상의 공간이 현실의 공간보다 더 좋아지는 시대가 올 거라고 생각하세요?

사람이 어떤 오프라인 공간을 체험할 때 오감으로 느끼잖아요. 그중에 가장 강렬한 감각이 무언지 아세요? 후각입니다. 사람들은 시각이라고들 잘못 알고 있는데, 후각의 강렬함이 나머지 감각을 압도합니다. 가상 공간에서 후각을 자극할 수 있을까요?

바다에 가면 수평선이며 파도가 먼저 들어오죠. 하지만 우리가 그 풍경을 강렬하게 기억한다면, 그건 후각 때문입니다. 바다의 비릿한 짠내.

이것을 가상 공간에서 완벽하게 재현하는 건 적어도 아직까지는 불가능해요. 영화관에서 촉각과 후각을 자극하는 장치를 도입한다고는 하지만 한계가 있죠.

하지만 띵굴도 온라인에서 재정비하셨습니다. 온라인에 아예 관심이 없는 건 아니죠?

제가 요즘 많이 이용하는 앱이 하나 있습니다. 앱 자체도 흥미롭고요. 청소나 과외 등 분야별 일등 앱들이 이미 있습니다. 하지만 이 앱은 그 모든 것을 통합했습니다. 저는 이 앱을 통해서 집 청소해주시는 분을 찾았는데요, 특이한 것이 제가 원하는 일을 하실 분이 어떤 사람인지 소개를 해놓았더라고요. 다른 앱들에서는 집 사이즈와 방문 날짜를 제가 먼저 기입하게 되어 있는데 이 앱은 그런 기능보다 내 집에서 일할 분들이 누구인지 소개하는 데 중점을 둔 거예요. 똑같은 일을 누가 더 싸게 누가 더 잘하냐의 기능성의 측면에서 보지 않는 거죠.

기능만 따지지 않는, 배달 앱 기획을 저도 시작했어요.

오프라인 공간에서 돈을 번다고 할 때 사람들은
한 가지만 생각하죠.

**건물을 사고팔거나 임대를 해서 돈을 버는 것이라
는 생각을 하기 쉽습니다. 저는 그런 투자에는 관
심이 없어요. 공간의 콘텐츠로 돈을 벌고 싶어요.**

사람들이 뭘 원할까, 저는 그 욕망에 집중했어요.
SNS를 통해 자신의 취향을 맘껏 드러내죠. 난 이것
을 샀어, 내 취향은 이거야.

68   취향 때문에라도, 싸다고 해서 물건을 구매하지는 않습니다.

하나의 물건에 대해 다른 세 개의 판매가를 제시해 놓은 쇼핑 앱이 있습니다. 100원, 200원, 300원. 보통은 생산과정에서 최대한 원가를 낮춰서 소비자에게는 최대한 비싸게 팔게 마련입니다. 그런데 이 회사는 역발상을 한 거예요. 원가와 마진을 공개해요.

100원은 재료비와 인건비만 포함된 원가입니다. 여기에 본사 운영비가 덧붙으면 200원입니다. 300원에는 앞으로의 연구개발비까지 포함되어 있고요. 이렇게 선택지를 주고 소비자에게 고르라고 합니다. 소비자는 어떤 판매가를 선택할까요.

놓은 가격에는 이유가 있습니다. 이 물건을 만든 브라질, 인도네시아, 베트남의 공장 직원들에게 조금 더 좋은 근로 환경을 제공할 수 있는 판매가라는 거죠. 적정한 채광과 휴식을 보장하려면 가격을 높일 수밖에 없습니다. 대부분의 소비자가 가장 싼 100원을 선택할 것 같지만 그렇지 않습니다.

소비자들이 가격 자체보다 물건이 만들어진 과정에 더 관심을 기울인다는 증거입니다. 300원을 기꺼이 지불하고, 그것이 가치 있는 소비라고 생각하는 것입니다.

그리고 그 취향을 SNS 등을 통해서 또 공개하죠.

남들과 똑같은 걸 올리면 아무도 호응을 안 해줍니다. 달라야 해요. 와우, 환호성을 이끌어낼 수 있는 자기만의 개성을 표현해야 하는 거예요. 찰나의 순간에 나를 표현하는 가장 효율적인 방법이 브랜드를 드러내는 겁니다. 내가 소비하는 브랜드가 곧 내가 되는 거예요.

그러니까 브랜드 개념이 바뀌어버렸습니다. 브랜드 자체가 자아를 가지고 인격을 장착하기 시작했습니다. 브랜드는 이미 하나의 생명체예요. 브랜드가 나를 곧 대변하니까요.

요즘 '돈쭐' 낸다고 하죠. 형편이 어려운 분들에게 돈을 받지 않고 음식을 내어준 가게가 있으면 소비자들이 합심해서 그 가게 사장님이 감당 못할 만큼 음식을 주문해버리는 것 말입니다. 이런 '착한' 가게가 잘되기를 바라면서 돈을 쓰는 것은 단순한 소비가 아닙니다.

저도 땡굴스토어에 입점할 상품을 그런 기준으로 골랐습니다. 제가 생각하기에 환경과 직원을 생각하는 브랜드, 생산과정을 투명하게 공개하고 감동을 줄 수 있는 브랜드로요.

감동을 받은 포인트가 여럿일 텐데 대표님은 어떤 지점에서 감동을 받나요?

옷을 사러 매장을 방문했는데, 옷 외에도 헤드폰이 걸려 있어요. 베트남, 인도네시아, 중국 등등 나라 이름이 각각의 헤드폰에 붙어 있습니다. 한 나라를 골라 들어보면 재봉틀 소리가 흘러나와요. 옷을 만드는 공장의 소리인 거예요. 그 소리를 들으면서 매대에 붙어 있는 글을 읽었습니다. 우리는 우리 브랜드를 만들어주는 분들에게 최적의 환경을 제공하기 위해 노력하고 있다, 등등. 감동적이었습니다.

맥락을 고려한 '착한' 소비 취향을 드러내는 사람이 있는가 하면 명품 소비에만 치중하는 사람도 있어요.

저는 그런 사람들을 비난할 수 없다고 생각합니다. 우리나라 MZ세대가 명품을 구입하는 것에 대해 욕하는 분들 많이 봤습니다. 하지만 저는 그런 소비가 박탈감을 해소하는 일종의 방법이라고 생각합니다.

학생운동을 했던 세대는 저항이라는 방법으로 자신을 표출했어요. 그런데 지금 젊은 친구들은 자신을 표출하긴 해야겠는데 소비 말고는 다른 방법이 없는 거예요.

평균 연봉 상승 추이를 살펴보면 20~30년간 2배가 안 올랐습니다. 그러나 같은 시기 집값 상승 곡선은 얼마나 가파른지 몰라요. 이 친구들이 어려서는 좋은 교육을 받고 윤택한 생활을 했습니다. 사회에 나와 보니까 자기 연봉으로 집을 못 사게 된 거예요. 박탈감을 느낄 수밖에 없습니다. 그들의 부모 세대는 행복한 쪽에 속합니다. 못 누리고 살다가 누리게 됐으니까요.

저축한다고 해서 강남에 집을 살 수 있을까요? 앞으로 결혼해서 자식 낳고 유학 보낼 수 있을까요? 그렇게 못 할 거예요. 미래가 없어요.

예전에는 자신의 불행을 전적으로 사회 탓으로 돌릴 수도 있었고, 실제로도 사회가 원인이기도 했지만, 지금 젊은 세대가 우리 미래가 없다, 사회가 문제다, 하면 예전만큼의 파급력이랄지 동조가 없습니다.

기성세대에 대한 불만은 그 어느 때보다 높다고 해요. 그런데도 기성세대가 보기에는 지금 젊은 세대는 온순해요. 우리 팀에 합류한 신입사원이 참 착하더라, 이런 평이 도는데 정작 당사자의 속은 터져버릴 것 같은 겁니다. 분노가 있어요. 저는 그들이 그 분노를 명품 소비로 다스리고 있다고 생각해요.

소비로 욕망을 표출한다는 건 결국은 내가 얼마나 독특한 사람인지를 보여주고 싶은 욕망에 기인하기도 해요. 남들이 먹지 않는 것을 먹었다, 남들이 가지 않았던 공간을 방문했다, 남들이 사지 않은 물건을 샀다.

대표님이 공간을 디자인하는 방식을 살펴보면 프라이빗과 퍼블릭이 굉장히 잘 버무려졌다는 인상을 누구라도 받을 것 같습니다.

사람들이 그걸 원하니까요. 많은 사람들과 어울리고는 싶지만 그 안에서는 한편으로는 편한 느낌을 줄 수 있어야 한다고 생각했어요. 안이면서 밖, 밖이면서 안이라는 공간을요. 기회가 된다면 교외형 아크앤북을 만들고 싶습니다. 숲속에 서점을 여는 거죠.

우리의 라이프스타일을 생각하면 그렇게 어렵지 않습니다. 라이프스타일을 얼마나 면밀하게 파악하고 충족시키느냐에 달려 있습니다. 기능성 하나만 생각하면 공장만큼 효율적인 데가 없습니다. 분업해서 기계적으로 반복만 하면 되는 거예요. 정해진 곳에서 정해진 일만 하기.

그런데 생각해보세요. 우리가 식당에서 밥만 먹나요? 사무실에서 일만 하나요? 거실에서 TV만 보나요? 우리가 먹고 자고 입고 쉬는 것이 그렇게 칼로 무 자르듯 분리되는 게 아닙니다. 누워서 TV 보고 밥 먹고, 노래 들으면서 커피 마셔요. 사람이 기계는 아니니까요.

기능적인 관점을 버리고 경계를 지운 거예요.

특별한 공간으로 소비자에게 특별한 경험을 제공하는 것. 그렇게도 부동산으로 돈을 벌 수 있다고 믿으시는 거죠?

저축을 해도 집을 살 수 없는 지금 세대들에게 즐길 수 있는 공간을 제공하는 거죠. 집이라는 공간이 점점 줄어들고 있으니 집 밖에서라도 누릴 수 있게 하자는 거예요.

공간 점유만 보자면 양극단으로 나누어져 있는 것 같습니다. 돈이 있는 사람들은 넓은 집을 가진 동시에 골프장 같은 널찍한 공간까지 누리는가 하면, 젊은 세대는 사유화된 공간은 물론이고 공공의 공간까지도 박탈당하고 있어요.

그러면, 시골에 가서 살면 되지, 이런 말씀을 하는 분도 계세요. 너무 낭만적인 소리죠. 침대 하나 겨우

들어가는 방에 살면서도 아르바이트를 하면서 명품을 사는 세대에게 시골로 가라니요.

커피 한 잔이라도 여유롭게 마실 수 있는 멋진 공간을 그들에게 제공해야 한다는 게 제 생각이었어요. 아크앤북 롯데월드점에 의자를 엄청나게 들인 것도 그 때문이에요. 그 비싼 공간에 아무런 소비도 일어나지 않는 의자를 그렇게 많이 놓는 건 미친 짓이라는 소리까지 제가 들었어요.

그런데 코로나가 닥치면서 저희 같은 회사가 그런 역할을 못 하게 되어버린 거예요. 지금은 그 의자에 앉지 못하게 만들어놨어요. 돈을 쓰지 않을 거면 나가라는 식이에요. 지금 유행하는 '차박'도 어쩌면 도시에서 좋은 공간을 소비하기가 힘들어지면서 생긴 대안이 아닐까 싶어요.

저는 오프라인 공간의 힘을 믿어요, 오프라인에서만 체험할 수 있는 것이 있다고 믿어요. 버려진 공

간이라도 콘텐츠에 따라 새롭게 탈바꿈할 수 있다고 믿습니다. 공간을 어떻게 차별화할 것인가, 생존을 위해서도 반드시 고민해야 하는 문제입니다.

제가 파리에 갔을 때 가장 기억에 남는 장면 중 하나가 에펠탑 아래 공원의 젊은이들이었어요. 우리나라에 한강공원이 생기기 전이었죠. 좁은 집에 있기 싫으니 공원으로 나간 거예요.

그래서 서점에도 무수한 의자들이 있는, 굳이 책을 사지 않아도 앉아서 시간을 보낼 수 있는 공간이 필요한 거예요. 책이 아니라 책과 함께 있는 체험을 제공하는 거예요.

성수동의 '아모레성수'에서도 제품을 팔지 않아요. 경험만 제공합니다. 소비자가 어떤 지점에 열광하는지 제대로 파악하고 공략한 거죠. 어떤 카페에는 의자가 아예 없어요. 그곳에서 커피를 마시려면 불편하게 벽돌 바닥에 앉아야 합니다. 다른 데서는 할 수 없는 경험을 제공하는 겁니다.

소비자에게 색다른 재미를 주어야 한다는 뜻이지요? 그러려면 또 어떤 것을 바꿔야 할까요.

시각적으로는 인테리어가 중요하겠죠. 아크앤북 시청점의 아치를 많이들 기억하고 계시지만 지점마다 인테리어를 다르게 했습니다. 가령 아크앤북 신촌점에서는 매대에 바퀴가 달려 있어요. 공연장을 서점으로 개조한 거예요. 공연이 없을 때는 공연장이 서점이 되는 거죠.

공간의 본래 쓸모에만 몰두하면 안 됩니다. 고정관념을 버려야 해요.

칸막이로 나누어진 사무실이라는 너무나 익숙한
이 공간의 기원이 공장이에요. 정해진 시간 내에 최
고의 효율을 뽑아내려니까 산업화 이후에 공장이
생겨난 겁니다. 사무실도 공장처럼 지었는데 프라
이버시가 침해받는 문제가 있었어요. 칸막이를 넣
으면서 책상과 서랍도 규격화하기 시작했습니다.
무제한 찍어낼 수 있는 시스템입니다. 무한확장이
가능하기도 하고요. 하지만 재미가 없죠. 그 안에서
일하는 사람은 그냥 '인력'에 불과합니다, 취향과
개성이 없는.

우리나라 사람들은 너무 열심히 일해요. 근면해야
한다는 압박에 사로잡혀 있는데 그것이 일하는 공
간의 문제는 아닌지도 살펴봐야 합니다. 아무도 그

렇게 일하라고는 하지 않았지만 공간이 생각과 행동을 지배하기도 합니다. 효율성이 극대화된 공간에 가면 일을 열심히 해야 할 것 같고 또 실제로도 바깥 풍경 한 번 못 보고 일만 하게 됩니다.

제가 미국의 설계사무소에 일할 때 정말 놀랐어요. 거기서 일하는 분들은 일하다가 피곤하면 그냥 잡니다. 일하면서 맥주도 마시고요. 한국에서 자거나 맥주를 마시면 큰일 나죠. 그렇다고 잠을 또 안 자는 건 아니에요. 사실은 자고 있으면서 깨어 있는 척, 일하는 척을 하는 겁니다. 늘 긴장된 상태로 있어야 해요.

심지어 퍼블릭한 공간에서도 긴장이 이어집니다. 제가 아크앤북을 기획하면서 꽤 많이 조사하고 인터뷰를 했는데 한국 서점에, 서점에서 자고 있는 사람을 깨우는 직원이 있더라고요. 서점에서 자면 안 되나요?

아크앤북에서는 책 보다가 잠자는 분들이 많습니다. 이 공간에서만큼은 마음 편하게 쉬다가 갔으면 했고, 주무시는 분들이 많은 걸 보면 제 의도가 어느 정도는 성공한 것 같습니다. 서점에서 마음껏 노는 거죠. 남에게 피해를 주지 않는 선에서 본인이 무얼 하든 상관없어요. 얼마나 편한가요.

TWO

소외된 곳을 어떻게 붐비게 만들까

감성을 디자인하는 아티스트

베스트셀러 없는 서점:
아크앤북

책이 예술품으로도 충분히 가치가 있다고 생각해요. 책의
표지는 영화로 치면 포스터 같은 것인데 서점에서는 왜 책
표지를 보여주지 않는 걸까요. 영화의 모든 내용이 함축적
으로 담긴 포스터처럼, 표지도 책의 내용을 함축하고 있습
니다.

좁은 집에서 나와 넓은 공간을 향유할 수 있게 하자, 그런 의도에서 아크앤북을 만들었다고 하셨습니다. 그런데 처음에는 부정적인 의견이 많았죠?

아크앤북을 몰아내자.

제가 아크앤북에 책을 입점시키려고 하니까 출판사들 반응이 처음엔 이랬습니다. 서점에서 밥을 먹으면 안 되나요? 커피 마시면 안 되나요? 저희가 오염된 책은 변제하겠다고까지 말씀드렸는데도 저희에게 협조적이지 않았습니다.

반대 의견이 들불처럼 일었어요. 너희가 어찌 감히 책을 더럽히는가. 조선 시대 유생 같았어요. 지나치게 보수적이에요. 어떤 유튜버는 아크앤북에서 책을 일부러 오염시키는 장면을 찍어서 올리기도 했습니다.

그러거나 말거나 책 가지고 식당이며 카페에 다 들어갈 수 있게 해줬어요. 책은 얼마나 오염됐을까요? 1퍼센트도 안 됩니다. 일반 서점에서 책이 분실되는 수준이었던 거예요. 우리나라 사람들이 생각보다 책을 소중하게 다룹니다.

또, 책을 보기만 하고 사지는 않을 것이라는 걱정도 많이 하셨는데 기우에 불과했습니다. 성수연방 내 아크앤북 평당 매출이 교보문고 광화문점 평당 매출을 넘어선 적도 있습니다.

아크앤북은 책을 사는 곳이 아니에요, 책을 만나는 곳이에요. 책은 온라인 서점에서 사면 되잖아요. 오프라인 서점이 종수나 배송 속도 면에서 온라인 서점을 따라갈 수 없어요. 원하는 책을 사는 곳보다는 몰랐던 책을 만나는 곳으로 오프라인 서점이 변해야 하는 이유예요.

넷플릭스와 유튜브에 왜 사람들이 열광할까요. 내

가 찾지 않아도 내 취향에 맞는 콘텐츠를 보게 만들기 때문이잖아요. 아크앤북에서도 마찬가지의 경험을 하게 만들고 싶었어요. 다른 점은, 독자가 몰랐던 책을 발견하게 하는 큐레이션이 있다는 거죠. 독자 스스로도 몰랐던 취향을 발견할 수 있게 진열하는 거죠.

어? 이런 책이 있었네? 아크앤북에 가면 새로운 발견을 계속할 수 있다는 인상을 독자에게 주고 싶었습니다.

서점에 대한 새로운 관점이라기보다 책에 대한 새로운 관점이 있었던 거라고 봐도 될까요?

책은 단순히 정보 습득 창구가 아니에요. 책을 읽지 않고 꽂아만 둬도 무의식중에 제목을 보게 되고, 그러면 지적 능력이 향상된다고 합니다. 이것이 바로 물성을 가진 책의 매력이 아닐까 싶습니다. 저는 마음에 드는 책을 보면 설렙니다. 미팅 자리에서 탈탈 털려서 녹초가 되었는데, 너무나 예쁜 책 표지를 보고 기운을 차린 적도 있어요.

책이 예술품으로도 충분히 가치가 있다고 생각해요. 책의 표지는 영화로 치면 포스터 같은 것인데 서점에서는 왜 책 표지를 보여주지 않는 걸까요. 영화의 모든 내용이 함축적으로 담긴 포스터처럼, 표지도 책의 내용을 함축하고 있습니다.

대표님이 공간을 구성할 때는 기능적인 관점을 버리고 경계를 지운다고 말씀하셨습니다. 아크앤북도 마찬가지였고요.

먹는 것, 입는 것, 자는 것, 보는 것, 듣는 것을 다른 공간에 흩어놓지 않고 한 공간에 묶어서 스타일을 만드는 거예요. 하나의 공간이 하나의 기능만을 수행하지는 않는 거죠.

아크앤북 을지로점에는 음악 감상실도 넣었습니다. 서점에 가면 하루 종일 밥도 먹고 책도 먹고 음악도 들을 수 있게 해둔 거죠. 저희가 굳이 마케팅을 하지 않아도 그 공간의 마니아가 생겨났어요.

서점이 책을 사러 가는 곳, 혹은 배송하는 곳으로만 인식되면 동네 서점이 있을 필요도 없습니다. 실제로 동네 서점이 많이 사라졌죠. 하지만 대형 서점도 마찬가지예요. 창고와 같아요.

독립서점들도 작가를 직접 불러 낭독을 하거나 토론을 하는 등 책을 가운데 놓고 많은 기획을 하면서 기지개를 켜고 있어요. 서점이 책만 파는 곳이라면 상상하지 못했을 일을 하고 있는 거예요. 우리의 고정관념을 깨야 해요.

복도 같은 공간은 사실 어떤 매출도 일으키지 못하는 죽은 공간입니다. 그 공용공간에 대한 비용을 건물에 입주한 사람들이 n분의 1로 나누어 내고 있죠. 그 죽은 공간을 서점으로 만든다면?

식당들이 모여 있는 건물에 아크앤북을 만들어봤습니다. 점심시간에 식당 밖에서, 그러니까 복도에서 대기하는 사람들이 책을 읽을 수 있게 해봤죠. 어떻게 됐을까요? 식당들 매출이 올랐어요.

아크앤북에서는 소설이든 경제경영서든 하나의 키
워드를 공유한다면 같은 구획에 모여도 되는 거예
요. 대형서점에는 소설은 소설끼리, 경제경영서는
경제경영서끼리 구획되어 있죠. 매우 효율적입니다.
모든 책이 가나다순으로 꽂혀 있어요. 하지만 아크
앤북은 그런 효율을 택하지 않고 큐레이션을 통해
독자의 호응을 얻었어요.

서점이 예쁘고 안 예쁘고를 떠나, 서점의 역할 중에
책을 발견하는 즐거움을 극대화하고 싶었던 거예요.

아크앤북에 들여온 책들은 어떤 기준으로 골랐
나요?

교보문고에서 안 파는 책들로요. 문전박대당하는 책
들로요. 베스트셀러는 취급하지 않습니다.

모종린 교수님을 우연하게 뵈었는데, 처음 뵙는 자
리에서 저를 너무나 반기시는 거예요. 우리나라 도
시 재생 분야에서는 학계에서 가장 유명하신 분이
에요. 본인 책이 아크앤북에서 정말 많이 팔렸다고
말씀하셨어요. 교보에서는 안 팔리던 책이 아크앤북
에서는 팔렸던 거죠. 아크앤북 지점이 많지도 않을
때였어요.

실제로 많은 독자들이 아크앤북에 와서 대형서점에
서는 보지 못했던 책을 많이 발견하십니다. 저희는
출판사 마케팅 비용에 따라 책을 진열하는 게 아니

라 테마가 특이하거나 표지가 아름다운 책 등 기준을 정해서, 가능하면 모든 책들의 표지를 보여줍니다. 저희가 진열하지 않았다면 세상에 이런 책이 있는 줄도 모르고 지나쳤을, 무명의 책을 독자들에게 '짠' 하고 선보여서 독자들의 그 책의 진가를 발견하게 하는 겁니다.

서점인데도 책 아닌 다른 것도 많이 팔았고요.

마트나 백화점에 엄마에게 이거 사달라 저거 사달라 떼쓰는 아이들이 많죠. 부모 입장에서는 짜증도 나고 내가 아이를 잘못 키운 건 아닌가 걱정도 해요. 그런데 서점에서는 부모들이 그러질 않아요. 서점이기 때문이죠. 아이들이 책을 사달라고 조르진 않습니다. 서점에서 파는 상품들이 탐나는 거예요.

그 덕분인지는 몰라도 서점 매출을 분석해봤더니 책 판매 비율이 절반도 안 되더군요. 서점이 커머셜하면서도 퍼블릭한 공간이라는 의미입니다. 사람을 적당하게 안도하게 만드는 공간. 커머셜과 퍼블릭의 비율이 이렇게 좋은 유일한 공간이 바로 서점입니다. 백화점에서 사지도 않을 옷을 입고 돌아다닐 순 없지만, 서점에서는 사지도 않을 책을 봐도 됩니다.

아크앤북에서는 편안함을 더 극대화하려고 하신
거죠?

그렇죠. 미국에서는 그 역할을 카페가 하고 있습니다. 할 일이 없어도 혼자 카페 가서 놀고 친구들이 모이는 아지트인 거죠.

나중에는 서점 안에 미용실과 병원, 공유 오피스까지 넣고 싶어요. 건물 전체가 아크앤북이 되는 겁니다. 그게 제 꿈이에요.

취향을 진열하는 백화점: 띵굴스토어

삶의 단편들을 보여주는 집을 만들고 싶었어요. 라이프스타일이 살아 있는, 사람들이 동경하는 집을 보여주자. 잡화점인데, 집의 형태로 이 물건들을 보여주는 거예요.

띵굴의 취향을 진열한 편집숍입니다. 소비자들은 띵굴에서 소비를 통해 자신의 개성을 표현할 수 있어요. 말하자면 전통시장입니다. 공간이 구획되어 있지도 않고 팝업식으로 상품을 선보이죠.

저희가 오프라인 매장을 준비하면서 어떤 것을 모범으로 삼아야 하느냐 했을 때, 최소한 백화점은 아니었습니다. 백화점은 감옥이에요. 물건 안 사고 돌아다니기만 하면 점원이 눈치를 줘요.

백화점에서 점원이 하는 일이 교도관이 죄수를 컨트롤하는 것과 뭐가 다를까요. 사람들은 매장에 들어서는 순간 뭐라도 사야 할 것 같고, 안 살 거라면 매장에서 나가야 할 것 같은 불편함을 느낍니다. 이런 모델은 반드시 실패합니다.

제가 옷을 사러 매장에 들렀다가 옷 만드는 공장에서 흘러나오는 재봉틀 소리를 듣고 감동했다는 이야기를 앞에서 했죠. 이것을 땡굴스토어에도 적용했습니다. 가령 매장에 뚝배기를 진열하면서 된장찌개 끓이는 소리를 함께 틀어주는 거예요. 땡굴스토어 시청점을 그렇게 만들었어요.

사람들에게 띵굴의 이야기를 들려주자. 삶의 단편들을 보여주는 집을 만들고 싶었어요. 라이프스타일이 살아 있는, 사람들이 동경하는 집을 보여주자. 그러니까 잡화점인데, 집의 형태로 이 물건들을 보여주는 거예요.

예를 들면, 친환경 세제를 파는 코너에 세탁기를 배치했어요. 물론 저희는 세탁기는 안 팔지만 세제 옆에 세탁기가 있어야 띵굴스토어가 단순히 물건 파는 매장이 아닌 집처럼 보이는 거예요. 마찬가지로 그릇이 놓인 매대 옆에 싱크대와 식탁도 놓았습니다. 거기서 쿠킹클래스도 열었습니다.

거실, 주방, 드레스룸, 침실, 서재, 욕실이라는 공간에 비로소 들어서야만 그 공간에 맞는 제품을 살 수

있게 해뒀어요. 하나하나의 상품들에 누군가의 일
상, 삶의 단편이 담기게끔 했습니다.

가격표도 저희가 일일이 손으로 쓰고 만들어서 손
님들이 땡굴스토어에 들렀을 때 누군가의 집을 방
문한 것처럼 편하게 꾸민 겁니다. 반응이 정말 좋았
습니다. 소비자들도 그렇고, 다른 기업들도요. 땡굴
스토어 콘셉트를 여기저기서 많이 카피했어요.

카피가 생길 때마다 기분 좋았습니다. 남을 따라가
지 않았다는 자부심이 있었어요. 추종자가 아니라
선도자가 됐다는 것만큼 짜릿한 게 있을까요. 사람
들이 많이 다녀서 잘 다져진 산길을 걷는 게 아니라
사람들이 한 번쯤 가보고는 싶은데 험해서 시도하
지 않았던 수풀을 제가 헤치는 기분이었습니다. 물
론 그 수풀 속에 뭐가 있는지는 모르죠. 맹수가 도사
릴지, 낭떠러지일지 알 수는 없지만 굉장히 낮은 확
률도 멋진 계곡이 나타날 수도 있는 거잖아요.

네, 작은 브랜드들이죠. 그래서 상품 옆에 브랜드를 소개하는 글도 덧붙였습니다. 유통 채널을 찾지 못한 브랜드들이 생각보다 많습니다. 작지만 알찬 브랜드를 발견해서 땡굴과 상생하는 꿈을 꿨습니다. 이것이 땡굴스토어의 강점이에요.

카센터의 화려한 변신: 성수연방

저희처럼 작은 회사가 이 길을 고집하는 게 쉬운 일은 아니
에요. 하지만 도전해보고 싶었어요. 돈을 벌 수 있으면서도
도시의 가치를 새롭고 풍부하게 만들 수 있는 프로젝트를
해보고 싶었어요. 성수연방을 만들 때 제가 하고 싶었던 것
의 90퍼센트 이상은 구현했어요.

플레이스가 아니라 스페이스를 만들었기 때문에 사
람들이 좋아하는 공간이 된 거라고 생각합니다. 연
인에게 바람을 맞은 곳, 평생의 연인을 처음 만난 곳
처럼, 인생의 이벤트가 펼쳐지는 공간이 스페이스
에요. 추억을 떠올릴 때 함께 떠오르는 공간, 그래서
나의 공간이라고 느낄 수 있는 공간.

**제가 만든 공간이 누군가의 추억 속 배경이 되는
스페이스가 되길 바랐습니다.**

성수동이 뜰 것이다 알고 성수연방을 만든 거예요,
아니면 성수연방을 만들어서 성수동이 뜬 거예요?

대외적으로는 성수연방이 먼저이고 성수동이 나중
이라고 말해왔습니다. 하지만 한 개인이, 조그마한
회사 하나가 할 수 있는 일이 아니죠. 제가 트렌드를
조금 앞서 읽긴 했습니다. 앞에서도 말씀드렸지만
스타트업들이 성수동에 모여들고 있는 중이었어요.
성수연방이 성수동을 뜨게 하는 트리거 역할은 했
다고 생각해요.

대단하다고 자신있게 말할 수 있어요.

성수연방이 생기고 나서 성수동에 복합문화공간들
이 만들어지기 시작했습니다. 예를 들면, 침대 매트
리스 매장을 복합문화공간처럼 만들고, 아모레퍼시
픽성수가 들어서고, 온갖 이벤트와 프로그램과 가게
가 있어요. 명품숍이 생기기 시작했고요.

한국관광공사에서 한국의 스팟을 전 세계에 소개하
는 광고영상을 만들었는데, 성수연방도 소개됐어요.
제가 그 인연으로 한국관광공사 사옥 리뉴얼 콘셉
트도 컨설팅했어요.

무신사 대표님도 성수연방의 '천상가옥'에 자주 출
몰하셨어요. 지금의 트렌드 리더들에게 성수연방이

영감을 줬던 거예요. 성수연방을 일부러 방문하는 외국계 회사 대표님들도 있고요. 폴 스미스가 한국 와서 왜 성수연방을 방문했을까요? 생각보다 많은 엄청난 거물들이 성수연방에 찾아왔어요.

아시아에서 가장 큰 디벨로퍼 회사를 운영하는 굿윈 회장도 여러 차례 오셨습니다. 말도 안 되게 큰 스케일의 개발 사업을 하시는 분인데 이 작은 성수연방을 정말 좋아합니다. 나중에 저희 회사에 투자도 하셨죠.

성수연방에 대해 악평하는 분들 중에 사이즈가 겨우 이거냐, 말씀하시는 분들이 많아요. 성수연방을 일부러 방문했던 디자이너와 디벨로퍼에게 작고 크고는 문제가 되지 않고, 그들은 제가 어떤 생각을 가지고 어떤 시도를 했는지 알고 싶었던 거예요. 성수연방이 그들에게 사이즈 대비 큰 영감을 줬다고 생각해요.

성수연방 이후로 성수동의 스펙트럼이 다양해졌다
고 자부해요. 그래야 재밌고, 그래야 사람이 모여듭
니다.

IT 개발자들의 취향으로 다시 돌아가면, 예전에는
그들이 선호하는 동네가 광화문 근처, 강남, 여의도
순이었는데, 지금은 성수동을 좋아해요. 건물이 멋
지거든요. 성수연방을 연 다음에 저희가 했던 사업
이 성공했던 것도 그런 멋을 구현했기 때문이라고
생각해요. 아모레퍼시픽성수 위쪽 부지를 매입해서
오피스 건물을 지었는데 건물 하단을 다 잘라냈어
요. 건물이 공중에 뜬 것처럼 보이죠.

**제가 처음 시작할 때 다들 미쳤다고 했어요. 효율
성이 떨어진다고 본 거죠. 그런데 어떻게 됐을까
요? 패션회사들이 그 건물에 입주하고 싶다고 저
를 찾아오기 시작했어요.**

성수동의 어떤 점에 매력을 느끼나요? 이 장소라면 스페이스를 만들 수 있겠구나 하는 본인만의 기준이 있나요?

젠트리피케이션을 민간 디벨로퍼의 창의력으로 극복한 동네니까요. 젠트리피케이션을 나쁘게 볼 필요는 없어요. 젠트리피케이션은 도시의 죽음을 뜻하는 단어가 아니고, 도시를 살아있는 생명체로 본다는 의미예요. 도시도 사람처럼 생로병사를 겪게 마련입니다.

도시는 끊임없이 변해가고 그 도시만의 이야기를 가지고 있어요. 상권도 당연히 움직이고요. 슬럼화된 채로 그냥 멈춰버리면 죽은 도시죠. 그런데 바로 그 지점에 기회가 있는 거예요. 오히려 비워질 때 그곳을 어떻게 탈바꿈할 수 있을 것인가 찾을 수 있거든요.

사람들이 빠져나간 도시에 들어오려는 사람들이 있어요. 비싼 임대료에 지친 리더들이 젠트리피케이션이 진행된 곳에 싼 임대료를 내고 들어오는 거죠. 자기들끼리 모여서 문화가 만들어지고, 그러다 보면 핫한 동네가 되는 거예요. 서서히 추종자들이 들어오고 일반 사람들까지 그 동네에 모이면서 동네가 '뜨는' 겁니다.

여기까지는 한국과 외국의 단계가 똑같습니다. 다른 것은 도시 재생 사업 주체예요. '뜨는' 동네의 재생 사업을 한국에서는 관이 하고 외국에서는 민간 디벨로퍼가 합니다. 관이 도시재생사업을 주도하면, 싹 밀고 다시 짓게 마련이에요.

서울은 오래된 도시입니다. 그러나 근대화가 단시간에 압축적으로 진행되다 보니, 오랜 시간이 걸리는 도시 재생 사업에 상대적으로 신경을 덜 쓴 거죠. 슬럼화된 도시를 버리고 다른 곳에 신도시를 만드는 방식으로는 절대로 매력적인 도시를 만들 수 없어요.

미국에서는, 젠트리피케이션이 진행됐던 도시들에 크리에이터들이 진입해 도시 콘텐츠를 만들어놓았을 때 디벨로퍼가 자기 역할을 하기 시작합니다.

연남동이나 서촌처럼 주택 필지가 조각조각 나누어진 곳에서는 개인의 노력이 모여 재생이 잘되었어요. 필지가 큰 지역은 개인들이 접근하기가 쉽지 않죠. 디벨로퍼가 나서려고 해도 입지를 따져봐야 하고요. 대표적으로는 성수, 대림, 구로, 영등포 쪽인데, 그중에서 성수동은 기존 도심과의 접근성이 좋습니다.

일단 필지가 커야 큰 자본이 들어올 수 있다는 거네요. 성수동은 입지도 좋고 공장이 몰려 있어 대표님 입장에서는 큰 필지에 큰 그림을 구상할 수 있었겠습니다.

네, 바로 그런 점에서 매력을 느꼈습니다. 제가 그림을 그릴 수 있겠다 싶었어요.

우선은 임대료가 저렴하고 공간이 넓다는 좋은 조건이 있었습니다. 좁은 면적이라면 개인들이 그 땅을 살 수 있습니다. 그런데 성수동에는 개인이 살 수 없는 땅이 있어요. 공장 하나를 쪼개서 팔지는 않으니까요. 즉 거래 가능한 필지가 꽤 넓은 편이죠. 한 사람이 사기에는 너무 넓고 비싸서 사람 손을 덜 탔어요.

반면 성수동의 단위 면적당 임대료는 저렴한 편이니 크리에이터들이 하나둘 둥지를 틀기 시작한 거예요. 같은 값에 더 넓은 면적을 사용할 수 있으니까. 예전의 공장이 카페가 되고 작업실이 되었죠. 강남 가로수길에서만 볼 수 있었던 가게들도 뒤이어 들어오니까 성수동만의 에너지가 생긴 거예요.

디벨로퍼들이 그런 에너지를 감지해서 더 멋진 공간을 만들기 시작했고, 즐길 거리가 점점 많아진 겁니다. 공업사가 즐비했던 거리에 지금 한창 뜨는 브랜드들이 들어왔습니다. 그렇게 기존 건물을 바꾸는 예도 있고 건물을 짓더라도 틀에 박힌 건물은 짓지 않아요. 심지어 오리고기를 파는 가게도 너무나 예뻐요.

제가 성수연방을 만들 때까지만 해도 성수동은 재
미없는 동네였습니다.

물론 대림창고가 있었죠. 저도 그 덕분에 성수동의
매력을 알게 됐고요. 우와, 이런 것도 있네! 처음에
는 임팩트가 있었지만 문제는 그걸로 끝이었다는
거예요. 대림창고 이후에는 대림창고처럼 옛날 공
장을 카페로 변신시킨 건물이나 공간만 생겨났거
든요. 한 동네에 똑같은 것만 있으면 재미가 없죠.
성수동이 진화하지 못했던 거예요.

저는 성수동에 또 하나의 카페를 만드는 데는 관심이
없었습니다. 성수동의 특징을 고려해 새로운 콘셉트
로 하나의 분기점, 변곡점을 만들어보고 싶었어요.

도쿄 다이칸야마의 '테노하'를 레퍼런스 삼았습니다. 다이칸야마에 가면 독창적인 리테일숍과 멋진 레스토랑이 굉장히 많습니다. 그 거리를 걷다가 아무 데나 들어가도 구경할 게 정말 많죠. 그러면서도 쉼터에 있는 느낌도 들어요. 그 거리에 테노하라는 정원이 있어요. 정원에 라이프스타일 숍, F&B 같은 것들이 즐비해요. 도쿄의 '힙스터'들이 모이는 공간.

저는 도심 속 그런 공간과, 테노하의 공간 구조에 매료됐어요. 그런 것을 성수동에 만들고 싶었어요. 사람들이 공간 자체를 소비하게 하는 거죠. 그것을 성수동만이 가진 특징과 잘 어울리게 하고 싶었어요.

성수동에 벽돌집이 많습니다. 그것도 붉은 벽돌. 성수동에 건물이 한창 들어서던 70~80년대만 해도 인건비가 비싸지 않았습니다. 재료도 싸고 인건비도 싸니까 공장을 지을 때도 붉은 벽돌을 썼습니다. 지금이야 물론 안 쓰죠, 인건비가 너무 비싸니까요. 성수연방이 붉은 벽돌 외관을 갖게 된 건 이런 연유에서였습니다.

본사 사옥으로 쓰려고 봐뒀던 건물이 있었어요. 원래는 카센터였어요. 카센터 이전에는 공장으로 쓰던 건물이었거든요. 아스팔트 바닥에 슬레이트 지붕을 공유하는 영세한 신발공장들도 있었고요. 본드 냄새가 풍기더라고요.

그런데 그 공간 구조가 너무나 예쁜 거예요. 가운데 정원이 있는 구조. 한옥의 마당 같은 공간. 무슨 생각으로 건물을 이렇게 지었을까 싶을 정도로 기막힌 마당이 가운데에 떡하니 있어요.

그 마당을 둘러싼 건물들에 힙스터들이 열광하는 라이프스타일을 진열하면 되겠다, 그런 콘텐츠로 건물을 채우면 되겠다, 하는 생각이 들었어요. 또, 마당에서 재미있는 이벤트를 진행하면 멋질 것 같았어요.

마당뿐만이 아닙니다. 실내도 실외도 아닌, 카페도
복도도 아닌 공간들이 사람을 심리적으로 편하게
만듭니다. 도대체 무슨 기능을 하는 공간인 거야,
하는 생각을 하게 했다면, 그것으로도 고객의 흥미
를 충분히 자극한 것이기도 합니다.

거대한 자본들에 콘텐츠를 뺏겼던 거예요. 효율성만 따지다 보면 그렇게 됩니다. 서울이 다른 나라의 대도시에 비해 척박하게 느껴진다면, 그런 콘텐츠가 모두 백화점에만 있기 때문이에요.

도쿄에만 가도 거리에 있는 에르메스나 샤넬 매장들이 백화점의 매장들보다 훨씬 매력적으로 꾸며져 있습니다.

우리나라에서는 다양한 제품을 결국 네모반듯하게 정형화된 공간에 다 집어넣은 거예요. 그런 생각을 깨부수어야 해요. 도쿄 거리가 재미있어진 건 도쿄의 백화점이 망했기 때문이에요. 그래야 거리 문화가 살아나요.

예전에는 서울의 뜨는 동네라고 해서 가보면 죄다 카페와 술집밖에 없었어요. 카페와 술집도 그 동네의 다양한 특색이 살아 있는 틈에 자리하면 장사가 더 잘될 거예요. 젠트리피케이션이 그렇게 빨리 닥치지도 않을 거고요. 똑같은 것만 즐비하면 쇠락하는 건 한순간이에요. 그 동네에 가면 이것도 할 수 있고 저것도 할 수 있더라, 그러니까 우리 그 동네에서 만나자 약속을 잡을 수도 있잖아요.

공간이 주는 즐거움 외에 성수연방을 어떤 콘텐츠를 채울 것인가 하는 것은 전혀 다른 문제인 것 같습니다.

카센터 이전에는 이 건물이 공장이었어요. 무언가를 생산하는 곳이었죠. 성수연방에서도 생산을 해보면 어떨까 생각했습니다.

맥줏집 옆에는 맥주 공장, 캐러멜 가게 옆에는 캐러멜 공장이 있는 식이죠. 단순히 생산에 그치지 않고 생산하는 모습을 보여주는 쇼룸의 역할도 하게 만든 거예요. 이런 실험은 아크앤북 성수점에서도 했어요. 공장처럼 만든 서점이었거든요.

돈만 생각했으면 돈 벌 수 있는 가게만 들였겠죠. 하지만 그 길로 가지 않고 이 길을 고집했어요.

저희처럼 작은 회사가 이 길을 고집하는 게 쉬운 일은 아니에요. 하지만 도전해보고 싶었어요. 돈을 벌 수 있으면서도 도시의 가치를 새롭고 풍부하게 만들 수 있는 프로젝트를 해보고 싶었어요. 성수연방을 만들 때 제가 하고 싶었던 것의 90퍼센트 이상은 구현했습니다.

그런데 오늘 와서 보니 성수연방이 좀 변했어요.

회사가 좀 어려워지는 바람에 성수연방 관리에서 손을 뗐어요. 조직이 축소되다 보니까 성수연방을 관리할 여력이 없었어요. 그다음부터는 건물주가 돈 안 되는 생산 시설을 돈 되는 가게로 바꿨습니다. 이제 남은 건 맥주 공장과 캐러멜 공장뿐이에요.

너무 아쉬워요. 그래도 건물주가 나름대로는 잘 관리하고 계셔서 다행이에요. 가게는 바뀌었지만 공간 구조는 그대로 남아 있잖아요.

저기 지나가는 할아버지가 건물주입니다. 원래 화학 공장을 운영하셨는데, 이 건물은 지방에 큰 공장을 새로 만들기 전에 썼던 공장이었어요.

저희도 돈 많이 벌었어요. 성수연방 정원에서 행사를 하고 싶다는 문의가 많았고, 실제로 버버리사도 여기를 한 번 대관하는 데 몇천만 원 썼어요. 공간이 매력적이니까 그 정도 비용도 충분히 지급했던 겁니다.

그런데 코로나 시국이 되자 모든 수입이 딱 끊겼어요. 초기에는 많은 가게들이 강제로 문을 닫아야 했잖아요. 저희는 관리만 맡고 있었거든요.

네, 저보고 다 병신이라고 했어요. 건물 안 샀다고. 그런데 그게 그렇게 됐어요. 지금도 이 땅이 굉장히 비싸지만, 카센터 시절에도 만만치 않게 비쌌어요. 제가 만약 그때 이 땅을 샀다면, 이 건물을 부수어야 했습니다. 이자 비용을 감당하려면 최소한 그랬어야 했어요.

임대료가 이자보다 훨씬 싸니까 렌트라는 선택을 한 거죠. 그 대신에 10년 계약을 해버렸어요, 건물주 가 건물을 팔 수 없게끔.

이 건물을 팔지 않고 관리하시고 있는 것만 해도 고마운걸요. 건물주 입장에서는 파는 게 이득이에요. 땅값이 엄청나게 올랐거든요. 팔면 몇백억을 당장 손에 쥘 수 있어요. 일부 변질되기는 했지만 그래도 성수연방이 남아 있게끔 해주시는 것만 해도 정말 고마워요.

사실, 성수연방 관리에 손 떼고 나서 오늘 처음 성수연방에 온 거예요. 마음 아플까 봐 그동안 한 번도 못 왔어요.

그럼 모든 프로젝트를 임대로 시작하는 건가요?

성수동 프로젝트라고 해서, 저희가 땅을 사서 건물을 세우기 시작했어요. 그런데 그것도 회사가 어려워지면서 다 팔았어요. 팔아서 돈을 벌긴 했습니다. 제가 준공하고 운영까지 관여하고 싶었는데 그러지 못 하게 됐죠. 그 안의 콘텐츠를 제가 채울 수가 없게 됐죠.

연방이라고 말씀하실 수 있어요?

단연, 그렇게 말씀드릴 수 있습니다.

안도할 것인가,
도전할 것인가

틈새를 찾아내는
디벨로퍼

사람 대신 바이러스가
점령한 공간

저는 실패 후에는 더 큰 도전을 합니다. 실패하면 보통은
위축되어서 중단하기 쉽죠. 하지만 저는 오히려 일을 더 크
게 벌입니다. 실패가 좋은 동력이 됩니다.

앞에서 코로나로 위기를 맞았던 경험을 말씀하셨습니다. 지금 대표님 상황이 실패와 성공 중 어느 쪽이라고 생각하세요?

성공을 했다가 실패를 했고, 지금은 그 실패에서 회복하고 있는 중입니다.

흔히들 롤러코스터 인생이라고 하죠. 사업하기 전
에 이 정도 심한 굴곡을 경험한 적이 있나요?

개인적인 고민은 많았지만 굴곡이 심하지는 않았어
요. 고등학교 졸업하고 대학 갔고, 대학 생활 열심히
재미있게 했고 번듯한 대기업에 들어갔고.

제가 거쳤던 직장들이 다 좋은 곳이었어요. 그때는
제가 이렇게 심하게 롤러코스터를 탈 줄은 몰랐죠.

작은 실패들은 물론 있었습니다. 홍대와 롯데백화점에 낸 직영점은 큰 호응을 못 얻고 폐점했습니다.

어떻게 극복했느냐가 더 중요한데, 저는 실패 후에는 더 큰 도전을 합니다. 실패하면 보통은 위축되어서 중단하기 쉽죠. 하지만 저는 오히려 일을 더 크게 벌입니다. 실패가 좋은 동력이 됩니다.

홍대점의 실패가 파워플랜트를 만드는 계기가 되었고, 롯데백화점에서의 실패가 마켓로거스를 만드는 계기가 되었거든요. 저는 이런 식으로 동력을 얻는 편입니다. 정점은 2019년 예비 유니콘에 선정됐을 때예요.

상장이 코앞이구나 했습니다. 예비 유니콘으로 선정

되면 투자를 추가로 받아서 상장까지, 거의 정해진 코스를 밟을 수 있었어요. 당시에 저희 회사가 제이커브로 급성장 중이었어요. 매출이 700억 원까지 매년 2배씩 뛰었죠. 2020년 기대 매출 1천억 원 이상이 거의 확정적이었고요.

마이리얼트립과 저희 회사가 예비 유니콘으로 선정된 직후에 코로나 바이러스가 창궐했어요. 처음에 저희 회사 타격은 없었습니다. 예비 유니콘 선정 후에, 상장을 위해 구조조정을 했거든요. 적자를 줄이고 흑자를 내자는 목표로 착착 준비 중이었습니다.

미리 구조조정을 하고 있어서, 코로나가 몰려와도 버틸 수가 있었어요. 매출은 줄어들어도 버틸만 했습니다. 그리고 계속 버티려고 했어요. 코로나? 길어야 1년이다 생각했어요. 그런데 팬데믹이 끝날 기미가 안 보이는 거예요. 구조조정 약발이 떨어지니까, 저희가 가지고 있던 자산을 팔기 시작했어요. 그게 2020년 10월쯤이었어요. 그때가 바닥이었어요.

예비 유니콘으로 선정도 됐겠다, 투자가 좀 됐을
렌데도 그렇게 어려웠나요?

회사가 급성장 중일 때는 은행들이 돈을 몰아주다
가 회사가 어려워지니까 투자금을 회수해가더라고
요. 코로나 시기에 대출을 더 해주는 게 아니라. 심
지어 저희 주주들도 등을 돌리더라고요.

회사가 망할 거라는 데 베팅을 하셨던 것 같아요. 이
렇게 살아남을 거라고 아무도 생각지 않았던 거죠.

〈한자와 나오키〉에 나오는 유명한 말이 있죠. 은행은 비올 때 우산을 뺏어가고 날 좋을 때 우산을 빌려준다고. 당시엔 무섭기도 하셨을 것 같습니다.

가장 큰 공포는 무기력함이었어요. 자금 부족이 아니라, 이제 더 이상 할 게 없다는 무기력함이 더 무서웠어요. 대응책이 없었어요. 그냥, 이렇게, 죽는 건가. 아무것도 못 해보고 앉아서 죽는 건가.

스타트업의 생명은 성장 동력에 있어요. 성장하지 않는 순간 모든 것이 끝장나는 거예요. 성장한다는 믿음이 깨졌는데 기대가 사라졌는데 무얼 더 할 수 있을까 싶었죠.

그냥 다 힘들었어요. 금융기관과 주주 탓만 할 수 없는 것이, 회사가 정체되니까 조직도 무너지더라고요. 핵심 인력들이 다 나가버렸어요.

무기력의 끝판왕이었어요. 너나 할 것 없이 다 등을 돌리고, 매출은 안 오르고, 회복하려고 하면 갑자기 이태원에서 확진자가 무더기로 생기고, 또 회복하려고 하면 대구에서 확진자가 폭증하고. 매년 2배씩 7년간 성장하던 회사의 매출이 마이너스 70퍼센트까지 떨어졌어요.

사업하시는 분들 중에 극단을 경험하면 극단의 선택을 하시는 분들이 있잖아요. 제가 그런 결심을 했다는 건 아니지만 그런 결심을 했던 분들을 이해하게 됐어요. 그전에는 이해하지 못했습니다.

책임감과 자존심으로요. 아니에요, 오기로 버텼습니다. 이 회사가 무너지면 얼마나 많은 사람들이 피해를 입을 것인가 생각했어요. 저희는 자영업자들이 활동할 수 있게 하는 플랫폼을 운영하잖아요. 회사가 망하면 몇백 명이 다 함께 망하는 거예요. 그럴 수는 없었어요.

그때부터 자산을 팔았어요. 성수동에서 하던 개발 사업. 그 개발이 완료되면 투자 비용의 3배수, 혹은 6배수까지 회수될 거였어요. 2년 만에 최고 6배를 벌 수 있는 있는 사업인데, 그 사업을 투자금의 2배도 안 되는 가격으로 팔았습니다. 아까워도 어쩔 수 없었어요. 당장 자금이 필요했거든요.

땅굴 온라인을 그래서 만든 겁니다. 핵심 인력은 없고 남은 인력도 온라인 전문 인력이 아니었습니다. 그분들과 뭐라도 해야 했고.

저희 회사 컨설팅을 한 적이 있는데, 최대 강점이 이 회사는 무조건 잘될 거라는 거의 무조건적인 믿음이 직원들에게 있다는 거였습니다. 그런데 땅굴 온라인에 대해서는 모두 냉소적이었어요. 온라인으로 새로운 성장 모멘텀을 만들 거라는 제 말을 아무도 안 믿었어요.

제가 사재까지 회사에 털어넣었다는 걸 알고 지인이 그랬어요. 너는 왜 그렇게 사니. 그 말을 들을 때만 해도 괜찮았는데 더는 못 하겠다 하는 순간이 있긴 했습니다. 믿었던 분이 저를 배신했을 때.

돈이 떠나는 것에 대해서는 제가 그 정도로 흔들리지는 않았던 것 같습니다. 물려받은 돈이 있어서 창업한 것도 아니고, 처음부터 없었던 돈이라고 치면 그만이니까요. 그런데 믿었던 사람이 떠나니까 흔들렸어요.

난파선에 함께 타고 있어요. 저는 선장으로서 이 배가 가라앉지 않을 거라고 끊임없이 메시지를 줘야 했습니다. 우리는 버텨낼 거다, 우리는 살아날 거다. 그런데 믿었던 사람이 떠나니까 살아날 가망성이 제로다, 하는 생각이 들었습니다.

회사가 잘나갈 때는 감당할 수 있었던 일이 회사
가 어려워지니까 감당이 안 된 거네요.

엄청나게 성장하는 회사에는 매출의 상승만큼이나
엄청난 문제가 내부에 도사리고 있습니다. 하지만
성장 중에는 그 문제를 하나씩 해결하면서 나아갈
수 있죠. 회사가 어려워지면 문제가 하나씩 발생하
지 않아요, 절대. 한꺼번에 터집니다. 오래된 문제가
곪아서 드러나는 거죠.

그 와중에 저는 떵귤을 온라인에 만들어야 하니까
멈출 수가 없었습니다. 아마 그때가 제가 정신적으
로나 육체적으로나 많이 소진된 시기였을 거예요.

공동 창업자가 있어요. 사공훈 대표는 고문 역할만 2년 정도 하다가 회사 사정이 어려워지던 시기에 컴백했습니다. 그 친구 장점 중 하나가, 저와 완전히 다른 성격이에요. 굉장히 냉정하죠.

함께 일구어온 회사를 버리고 어떻게 다른 회사로 갈 수 있어? 어떻게 그럴 수 있어? 제가 그런 말을 할 때마다 그 친구가 저에게 이런 말을 해줬어요. 똑똑한 친구들이 똑똑한 선택을 한 거라고. 자기 자신을 위해 그런 선택을 한 사람들을 우리가 욕할 수는 없다고.

그 친구는 OTD 대표로, 저는 땡굴 대표로 같이 일했습니다. 사공훈 대표가 오고 나서 회사가 다시 자리를 잡기 시작했습니다.

한동안은 저 스스로를 한심하게 바라봤어요. 그래도 심각한 자기 연민으로까지는 안 갔어요. 망하더라도 후회 없이 망해보자 하는 생각이 있기는 했어요.

코로나만 탓하는 건 비겁한 거다. 위기는 항상 있다. 그런데 언제까지 남 탓만 하고 있을 건가. 그 말이 맞아요. 냉정해져야 했죠. 지금 할 수 있는 걸 해보자 했어요.

유일무이한 맛이
넘치는 공간

혁신이라는 게 생각보다 단순한 데서 시작합니다. 내가 먹고 싶은 음식이 왜 배달이 안 돼? 저렴한 배송료로 배달 시킬 수 없어? 이것이 시작입니다. 그 질문으로부터 엄청나 게 많은 서비스를 기획하게 됐어요.

앞서 플레이스와 스페이스의 차이를 말씀드렸어요.
맛도 마찬가지입니다. 그냥 맛있는 음식이 있고, 소
울푸드가 있어요. 그 음식에 얽힌 추억이 있는 거죠.

땡굴마켓은 계속 물어봐요, 당신의 소울푸드는 무엇
입니까. 플레이스가 프랜차이즈에서 파는 떡볶이라
면, 스페이스는 대한민국에서 딱 한 군데만 파는 복
제할 수 없는 떡볶이에요. 다른 동네 사람들이 일부
러 그 동네까지 찾아와서 먹는 떡볶이.

세상에 하나밖에 없는 유일무이한 맛을 가진 떡볶
이를 땡굴 온라인에서 만날 수 있어요. 맛의 스페이
스를 온라인에 만든 셈입니다.

신당동 떡볶이 말고 다른 떡볶이도 있었군요. 일일이 맛집을 탐방하신 거죠?

철저하게 로컬 푸드예요. 그 동네에서만 팔아서 그 동네에 직접 가야만 먹을 수 있는 떡볶이.

제가 대단한 미식가는 아닙니다. 맛집을 잘 찾아내긴 해도 그 동네의 '찐 맛집'까지는 몰라요. 직원들에게 물어보는 거죠. 인생의 떡볶이가 무엇이었냐고. 떡볶이를 먹으려고 판교에서 도곡동까진 간다는데, 그게 인생 떡볶이가 아니고 뭐겠어요.

처음에는 여러 맛집의 음식을 다 올려봤습니다. 그러다가 소비자 반응이 폭발적인 한 가지 음식을 발견한 겁니다.

이런 다양함, 로컬의 특색을 가진 음식 판매를 기존

의 프랜차이즈와 배민에서는 시도하지 않았고 시도할 수도 없습니다. 로컬의 콘텐츠를 모아서 오프라인에 구현하던 작업을 OTD가 해왔고, 그 온라인 버전이 땡굴마켓입니다.

맛집 탐방 자체도 물론 즐거웠습니다. 세상의 보물 같은 음식을 내가 찾아서 맛의 보물 지도를 만든다는 느낌이었어요. 맛을 음미하면서도, 배달을 한다면 어떻게 포장하는 게 좋을까, 땡굴 온라인에 입점하십시오, 하는 말을 가게 사장님들에게 어떻게 하면 설득력 있을까, 지금 내 건너편에서 이 음식을 즐기는 사람들은 무슨 생각을 하고 있을까 등등 제 머릿속은 좀 복잡하기는 했지만요. 하지만 그것도 저에게는 재미죠.

띵굴 온라인은 유일무이한 맛을 차별점으로 내세운 거네요.

그것도 그렇고, 제가 하는 거니까 성공할 거라는 무모한 확신도 있었습니다. 띵굴을 온라인에서도 구현하는 것은 엄밀히 말하면 두 번째 시도였어요.

처음 시도했을 때는 제가 주도하지 않았어요. 카카오 같은 유명 커머스 출신들을 뽑아서 일임했습니다. 그분들 사무실을 본사 사무실보다 더 멋지게 만들어주고, 급여도 많이 주면서 일을 시켰는데 시원하게 말아먹었어요.

치열하지 않았으니까요.

떵굴 온라인을 처음 시작할 때 취재한 기자분이 그
랬어요. 대표님, 장사를 해야 하는데 예술을 하고 계
시네요. 정말이었습니다. 사람들이 뭘 좋아할지 이
야기하는 시간보다, 컬리는 이렇게 하더라, 품평하
는 시간이 더 많았던 거예요.

그때 한 달에 10억씩 돈을 썼어요. 그런데도 월 매
출이 1억도 안 됐어요. 한심하기 짝이 없죠. 7~8개
월간 내내 그랬어요. 그래서 제가 중단시켰어요. 떵
굴 오프라인이 주가를 올리고 있던 때여서 온라인
에 굳이 신경을 더 쓸 필요도 못 느꼈고요. 그렇게
규모가 작아져 있던 일을 제가 다시 키우기 시작한

거예요.

회사가 어려웠을 때 시작하는 거니까 돈을 쓰지 않고 할 수 있는 사업을 찾기 시작했고 그게 땡굴 온라인이었습니다. 돈 덜 쓰고도 멋진 걸 만들어낼 자신도 있었습니다. 지금보다 주머니가 조금만 더 두둑하다면, 지금보다 내가 조금만 더 건강하다면, 그런 핑계로 놓치는 기회들이 얼마나 많을까요. 나중에 해보자? 나중, 그런 건 없어요. 욕구를 당장 채우라는 소리가 아니에요. 현재의 조건에서 최적의 계획을 세우고 실행하고 도전해야 한다는 뜻입니다. 나중에. 나중에 언제 할 건가요. 그런 나중은 영영 오지 않아요.

10억까지는 안 쓰겠다는 마음이었죠. 땡굴 온라인을 처음 시작했을 때 매출이 없기는 했어도 배달 플랫폼 후발주자는 아니었어요. 그런데 코로나가 터지니까 대기업까지 죄다 온라인으로 뛰어드는 바람에, 다시 시작하려고 할 때는 후발주자가 되어 있었어요. 대기업들에서 목숨 걸고 온라인이 투자하던 때였으니까요.

오프라인에서 강했던 작은 기업들도 우리만큼 힘들 것이다 생각했죠. 가령 태극당만 봐도 그래요. 코로나 전에는 손님들이 줄을 섰는데 이젠 아니에요. 맛집 사장님들도 처음 겪는 상황이었죠.

그분들 말씀이, 배민은 도움이 안 된다는 거였어요.

오프라인이 작동하지 않으니 온라인에서 활로를 찾아야 하는데 기존 배달 플랫폼은 도움이 안 되는 거예요. 배민은 동네 배달 전문이잖아요. 태극당은 동네 장사를 하던 데가 아니었어요. 전국에서 찾아오는 맛집인데, 코로나 이후에는 그런 기존 손님들을 만족시킬 만한 방법이 없었던 거예요.

홀은 텅 비었는데 주방은 꽉 찬 상황이에요. 그렇다고 무조건 구조조정을 할 순 없어요. 그분들이 핵심인력이니까요. 현재 가지고 있는 것을 이용해서 뭐라도 해야 했죠. 온라인에 접목할 방법을 못 찾고 있었습니다.

그래, 우리가 이것을 해보자.

편의점에서 파는 아이스크림을 먹어도 상관없다고 생각하는 사람들도 있지만, 반드시 태극당에서 파는 모나카를 먹어야 하는 사람들이 있잖아요. 태극당 모나카가 그분들에게는 일종의 소울푸드니까요. 내가 줄 서서 기다리던 그 가게의 모나카여야만 하는 거예요.

소울푸드를 배달하자. 방향을 선회했습니다.

배민이 커버할 수 있는 거리를 벗어날 경우 배송료가 기하급수적으로 오릅니다. 2만 원짜리 음식을 배달시키면 배송료가 2만 원 붙어요. 그건 전혀 합리적인 선택이 아니죠.

저희는 그 배송료를 택배비 정도로 낮췄습니다. 컬리의 배송 방식을 접목했어요. 특정 권역으로 배송되어야 하는 음식을 한데 다 모아서 차가 막히지 않는 심야시간에 배송하자. 그러면 동탄에서 장춘동 모나카를 배송료 4천 원에 배달시켜 먹을 수가 있어요.

만약 쿠팡이츠로 배달을 시키면 배송료가 4~5만 원 정도 되는 걸 저희는 10분의 1 가격으로 줄인 겁니다.

즉시 배송되는 건 아니고 주문한 다음 날 배송되는군요.

주문한 다음 날 아침에 먹을 수 있어요. 그 대신, 단돈 4천 원에 여러 맛집 음식을 한꺼번에 받아볼 수 있죠. 반포의 떡볶이, 강동구의 떡, 일산의 민물장어, 인천의 닭강정을 함께 받는 데 4천 원이면 충분한 겁니다.

지금 준비하고 있는 것은, 부산의 만두를 주문한 다음 날 아침에 서울 집에서 먹을 수 있게 하는 거예요.

서울에서 부산의 음식을 먹을 수 있다면 하루 정도는 기다릴 수 있죠. 저도 그 만두 아주 좋아합니다. 속도를 포기하고 영혼을 얻은 셈이네요.

그러니까 고객들이 열광하는 겁니다. 땡굴 온라인은 시장에 경쟁자가 없어요. 쿠팡이츠는 묶음 배송이 안 되니까 저희와 달라요.

그리고 서울권역 내에서는 모든 권역의 음식을 2시간 내에 받을 수 있게 준비하는 중이에요. 1년 정도 땡굴 온라인을 꾸려가다 보니까 저희에게도 데이터가 쌓였어요. 그래서 하루치를 예측해서 발주해놓기 시작했어요.

혁신이라는 게 생각보다 단순한 데서 시작합니다. 내가 먹고 싶은 음식이 왜 배달이 안 돼? 저렴한 배송료로 배달시킬 수 없어? 이것이 시작입니다.

그 질문으로부터 엄청나게 많은 서비스를 기획하게 됐어요.

찾다 보면 찾아지는 게 방법이에요. 불가능은 없다, 무조건 하면 된다, 이런 생각이 아니라, 그게 가능할 것 같은데 어떻게 하면 정말 가능해질까 생각하는 거죠. 저는 그래서 저의 일이 굉장히 창의적인 일이라고 생각해요. 세상에 얼마나 많은 가능성이, 그 가능성으로 도달하는 얼마나 많은 길이 있는지, 해보지 않은 사람은 절대로 모릅니다.

바닥에서 올라가고 있는 중입니다. 얼마나 올라왔
나요?

2020년 말에 바닥을 쳤고, 띵굴 온라인 시작하고 나
서 2~3개월 만에 빵빵 터졌습니다. 처음에는 태극
당 모나카, 애플하우스 떡볶이. 그 다음에 압구정의
공주떡, 명동의 충무김밥 등.

돈이 없어서 광고를 못 했는데, 자발적으로 바이럴
이 시작됐습니다. 이 음식 정말 먹고 싶은데 못 먹는
다, 하는 글이 올라오면 댓글이 달리는 거예요. "띵
굴에서 다 됩니다." 예를 들면, 15만 원치를 주문해
야 배송료 3만 원까지 붙어서 겨우 배달되는 음식을
네이버 카페 같은 데서 공동 구매를 하던 사람들이
띵굴마켓으로 몰려든 거죠.

입소문이 나면서 한 달에 10억을 쓰고도 1억 매출밖

에 못 올리던 때가 있나 싶게 하루 매출이 1천을 넘더라고요. 과거에 8개월간 못 했던 것을 2~3개월 만에 달성한 거죠.

저도 그렇고 많은 사람들이 본능적으로 결과를 먼저 보게 됩니다. 그래서 성공했다는 거야, 실패했다는 거야? 저도 말을 하고 보니 굉장히 쉽게 반등한 것 같고, 해보니 되더라, 표현하게 되는데 실상은 정말 치열했습니다. 사람들과 대화하다 보면, 내가 그때 얼마나 힘들었는데, 이런 일이 지나니까 저런 일이 닥치더라니까, 구구절절 늘어놓잖아요. 저는 이제 그런 말들을 흘려들을 수가 없어요.

성장 동력이 생긴 거죠. 이제 뭔가 될 것 같은 기대가 생긴 거죠. 직원들도 마찬가지이고 주주들도 이 회사가 살아날 거란 믿음을 가지기 시작한 거죠. 투자금이 들어오기 시작했습니다.

큰 플랫폼에서 못 하던 일을 저희가 하고 있으니까 여러 군데에서 연락이 옵니다. 중소벤처기업부가 전통시장을 살릴 목적으로 하는 지원 사업이 있어요. 네이버, 쿠팡, 배민, 당근마켓과 함께 땡굴도 선정됐습니다. 망원시장에서 파는 전을 경기도 동탄까지 배달해주는 업체는 저희밖에 없어요.

이 띵굴마켓에 엄청난 콘텐츠를 쌓아가고 있습니다. 이것을 나중에 오프라인으로 확장해볼 수도 있을 것 같아요. 오프라인에 로컬 푸드, 소울푸드가 한데 모인 공간을 만드는 꿈을 꾸고 있습니다.

재미로 의미를
만드는 공간

과연 나에게 내일이 있을까? 사업을 하다 보면 이런 생각
을 하게 되는 순간이 반드시 찾아옵니다. 그때는 너무 멀
리 보지 말고, 내일도 보지 말고, 오늘 하루만 생각하자. 그
렇게 견뎌야 합니다. 그러다 보면, 이제 정말 끝이다, 이런
순간에도 해결책이 나오고 기회가 찾아와요.

대다수가 실패하게 마련인데 다른 분들에게 창업을 권하시겠습니까?

아무도 오지 않던 공간에 사람들이 북적이는 걸 보게 되면 다른 일은 못 하게 됩니다. 사람들이 제가 만든 콘텐츠에 환호하는 걸 봤을 때 제가 느끼는 희열은 다른 어떤 것과도 비교할 수 없어요.

한 번 창업하신 분들이 실패하더라도 왜 또 창업을 하실까요. 그 마약 같은 즐거움에 중독되기 때문이에요. 재미가 있기 때문입니다. 실패를 덮고도 남는 즐거움이 있기 때문입니다.

요즘은 창업하기 좋은 시대입니다. 실패하면 원래 자리로 돌아가면 됩니다. 제가 창업할 때만 하더라도 실패한 후 회사로 돌아가는 게 쉽지 않았어요. 사업에서 실패했을 뿐인데 인생에서 실패한 사람이라는 인식이 있었죠. 하지만 지금은 안 그래요, 실패했더라도 창업 경험이 있는 사람을 기업에서 선호합니다. 남보다 경험을 더 많이 쌓았잖아요.

경험이 곧 자산입니다. 돈을 많이 가진 사람보다 경험을 많이 가진 사람이 진짜 부자예요. 인생에서든 사업에서든 다양한 위기가 있겠죠. 그것을 기회로 바꾸는 일이 생각만큼 쉽지는 않겠지만, 그 과정, 그 경험이 다 자산이라고 생각하면 조금은 덜 주눅들 거라 생각합니다.

그런 의미에서 저는 자산을 꽤 많이 불린 것 같아요. 그러니까 창업하면 '대다수가 실패한다'는 실은 큰 의미가 없는 말입니다. 다른 사람 이야기를 듣고 좌고우면하고 걱정하고 하는 시간에 그냥 어떤 일을 본인이 직접 할 뿐이죠. 그렇지 않으면 영영 기회가 없습니다.

세상에는 어떤 일을 할까 말까 고민하는 사람, 어

떤 일의 한복판으로 뛰어들어 직접 그 일을 하는 사람 두 종류의 사람들이 있다고 생각해요. 고민하는 사람은 계속 고민할 뿐이고, 일하는 사람은 언제라도 하고 있어요. 어떤 일을 하기 위한 최상의 조건은 없습니다. 이래서 안 돼, 저래서 안 돼, 그 일을 못할 이유를 찾는 사람과 이러면 되겠네, 저러면 될 거야, 그 일을 해야만 하는 이유를 찾는 사람 중에 누구에게 더 큰 기회가 올까요. 둘 중 누가 성공에 더 빨리 가닿을까요. 저는 후자이고 싶었습니다.

때로는 무모해질 필요도 있습니다. 그리고 그런 사람들이 세상을 바꿔왔다고 생각합니다. 더 좋은 쪽으로 바꾸었느냐, 그렇게 물어본다면 저도 확신은 못 하겠어요. 하지만 도전과 실험을 머릿속으로만 한다면 단 한 걸음도 진전하지 못할 거예요.

창업했다가 실패한 사람, 그런 사람을 대표님도 뽑나요?

저만큼이나 굶주린 사람을 뽑습니다. 실패를 경험한 사람은 자신의 한계를 정확히 알고 있고, 그래서 앞으로 무엇을 해야 하는지도 잘 알고 있습니다. 앞으로 나아가고자 하는 욕심이 더 많은 사람들입니다. 성공에 목마른 사람들이죠.

일에 대한 동기를 이미 가진 분들을 좋아하시는군요. 그 외에 대표님이 중요하게 생각하는 자질은 무엇일까요, 어떤 사람들과 일을 해왔고 어떤 사람과 일하길 원하시나요?

창업할 땐 사람의 역할을 간과하기 쉬워요. 같은 꿈을 꾸기만 하면 함께 일할 수 있었습니다. 제가 자극하지 않아도 일 욕심에 터져버릴 것 같은 사람들이었어요. 동료이기 이전에 친구이기도 했으니까요.

회사가 점점 커지니까 고민이 시작됐습니다. 나에겐 지금 이런 일을 해줄 사람이 필요해, 이 친구는 그런 점에서는 경력이 부족해, 어디서 그런 사람을 구할 수 있을까. 그 고민은 함께 일하는 사람을 대체할 수 있다는 생각이 전제된 것이었습니다.

하지만 그 생각은 망상이었어요. 어떤 일에 최적

화된 완벽한 사람은 절대 존재하지 않아요. 그걸 깨닫는 데 정말 오랜 시간이 걸렸습니다. 함께 일 하는 사람들에게 이미 그럴 만한 역량이 있다고 믿어야 했었어요.

제가 대기업에서 일하면서 엄청난 스펙과 학벌을 가진 사람들을 많이 봤잖아요. 그분들은 정말 일 을 잘하긴 해요. 그분들이 이너서클을 만들고 스스 로가 권력이 되어서 더 큰 권력을 만들어내는 것을 봤어요.

대기업에선 스펙과 학벌이 중요할 수도 있어요. 하 지만 이미 많은 것을 가진 사람들이, 실패할 확률이 높은 스타트업에 들어오진 않잖아요. 그 사람들에겐 어쩌면 동기가 부족할 수도 있는 거죠.

제가 창업할 때 함께 일했던 사람들은 스펙과 학벌 은 그분들에 비해 떨어질 수도 있어요. 하지만 그들 이 가지지 못했던 동기가 있었던 거예요. 이미 가지고 있던 장점을 보지 못하고 다른 것을 제가 찾았던 거죠. 이것은 반드시 성공해야 해, 왜냐하면 내가 너무나 재밌다고 생각하는 일이니까, 그런 마음가짐만으로도 이미 충분한 사람들이었습니다.

재미라는 동기가 있으면 방법이 생깁니다. 동기가 있으면 다른 시각이 있습니다. 동기가 있으면 추진력이 있습니다.

스타트업에서 일을 하려면 창업자와 같은 가치관을 가져야 할까요?

어쩌다 보니 저하고 비슷한 분들이 남은 것 같습니다. 저하고 너무 다른 분들은 저를 못 견뎌 해요. 예를 들면, 이 상품이 지금 너무 인기가 높으니까 우리 이런 거 해서 판매를 더 끌어올려보자, 그러면 오늘 밤을 새야 할지도 몰라. 이때 같이 일을 하는 사람은 남고, 같이 일하지 않은 사람은 떠나는 거죠.

하지만 일단 동기가 제로라면 어떤 스펙이든 학벌이든 소용이 없습니다. 그리고 동기가 있다고 해도 항상 100퍼센트 충전되어 있는 건 아니에요. 그럴 때 제가 저의 역할을 해야 하는 겁니다. 그들에게 동기를 채워주는 일이 CEO 일 중 90퍼센트 이상을 차지하는 것 같습니다. 그리고 가장 어려운 일이기도 하고요.

처음부터 없었던 동기를 억지로 채워주는 것이 아니라, 처음에 가졌던 동기가 바닥나지 않게끔 해야 한다는 것입니다.

직원들이 힘 빠질 때 그런 말을 한다고 들었습니다. 대표님한테 우리 '뿅' 맞으러 가자. 저한테 와서 동기를 충전했던 겁니다. 제가 그 역할만은 확

실히 했다고 생각해요. 저는 함께 일하는 분들을 끊임없이 자극하고 응원해왔어요. 우리는 이 일로 세상을 바꿀 거야, 라고.

그러면 직원들이, 대표님 이야기를 들어보니까 우리 할 수 있겠어, 이런 반응이었습니다. 실제로 그렇게 땅굴을 만들어냈어요.

끊임없는 동기 부여가 실은 대표님뿐 아니라 직원들을 혹사하는 것일 수도 있죠. 스타트업도 결국 사람이 하는 일이잖아요. 끊임없이 갈아넣어야 하는 일이잖아요.

그래서 저하고 일을 하는 사람들은 다들 오래 함께 일해온 분들이에요. 입사했다가 바로 나가버리거나 오래 일하거나, 둘 중 하나예요. 저하고 맞거나 안 맞거나, 둘 중 하나인 거죠.

제가 하는 말 중에 직원들이 가장 무서워하는 말이 있어요. 이거 재미있을 것 같지 않아? 제가 재밌다고 생각하면 일단 일이 시작되니까요. 그런데 그 목표가 서로 맞지 않는데 어떻게 일을 함께 할 수 있을까요.

목표가 다른데 꾸역꾸역 일을 하시는 분들도 있죠.

하지만 스타트업에서는 그렇게 일할 수 없어요. 돈이며 인력, 모든 자원이 부족한 상황에서 한 사람이 어떨 땐 두 사람의 일을 해야 하는데 '적당히' 해서는 본인의 능력치도 나오지 않고 회사도 성장할 수가 없잖아요.

한때 회사에 그런 말이 나온 적이 있어요. 우리 회사에서 일하기 어렵겠다 싶은 사람이라고 해서 제 마음대로 내보낼 수는 없을 때, 그 사람을 저하고 함께 일하게 하면 그 사람이 알아서 나갈 거라고. 실제로도 그랬고요.

제 자리 바로 옆에서 한 프로젝트를 함께 꾸려나간다는 것은 엄청난 일의 양을 떠나서, 그분과 저의 목표를 확인하는 시간인 셈이죠. 꾸역꾸역 일해오신 분이라면 저하고 근거리에서 하루 대부분을 일하면서 깨닫게 되는 거예요. 아, 이 회사는 나랑 안 맞아.

저는 힘들 때 오히려 잘 안 굽혀요. 여기서 접자,

이렇게 잘 안 되더라고요. 지금 어려우니까 우리 이 방법을 써보자, 이런 성향이거든요.

저는 사람보다는 일에서 에너지를 얻는 편입니다. 옆에 있는 사람들이 소중하지만 그들이 다른 길로 가겠다고 했을 때는 큰 아쉬움이 없어요. 그 친구들을 응원합니다. OTD에서 혁신을 함께 일구어온 친구들이라서 동종업계에서 인기가 많습니다.

특정 업무에 최적화된 사람이 있다는 망상을 버렸다고 하셨습니다. 스타트업은 이래야 한다는 망상도 버려야 하는 것 아닐까요?

스타트업이 무조건 힘들고 어려운 건 아닙니다. 스타트업이 이래야 한다는 망상이라기보다 이러하더라 하는 경험이 쌓인 거죠. CEO의 성향이 녹아들기도 하고요. 스타트업을 사람으로 치면 엄청나게 개성이 강한 사람인 거죠. 모든 스타트업이 성장 과정에서는 각자의 방식으로 성장합니다.

투자자들이 저에게 계속 요구해요, 직원들에게 권한을 주고 위임하라고. 제 고집대로 밀고 나가면 너무 편향될까 봐 투자자들의 조언을 받아들인 적도 있습니다. 각각의 팀장이 자신만의 룰을 가지고 일할 수 있도록 배려하려 노력했어요. 그런데 지금 와서 생각해보면 그게 정답은 아니었던 것 같아요.

권한과 위임, 어느 경우에도 맞는 말처럼 들리는 데요.

그 권한과 위임 때문에 우리가 놓치고 만 기회들이 있다고 생각해요. 저는 오히려, 컨설팅 따위로 스타트업을 기존 기업처럼 꾸릴 수 있다고 믿는 것이 망상인 것 같습니다.

권한과 위임. 굉장히 이상적인 단어들이에요. 조직을 안정화하려는 시도였다는 것은 이해해요. 하지만 돌격해야 하는 순간에 안정화를 꾀했던 거예요. 몇억짜리 컨설팅을 하겠다고 하는데, 그게 낭비가 아니고 뭘까요.

대표님도 그렇고 다른 직원들도 언제까지나 전력
질주할 수는 없잖아요.

저처럼 텐션을 올려서 활동적으로 일하는 사람도
있고, 차분하게 관리하는 사람도 있게 마련입니다.
회사에 저 같은 사람들만 모여 있으면 매일 사고가
날 거예요. 전력질주하는 사람을 백업해주는 사람도
당연히 필요합니다. 백업이라고 수동적인 건 아니에
요. 오히려 일을 벌이는 사람만큼이나 창의적이어야
합니다.

센스 있는 사람들에게 흔히 '일머리'가 있다고 하죠. 동기는 어마어마하게 강력한데 일머리가 없는 사람들도 있어요. 일례로, 제가 배우 이병헌 씨와 인터뷰할 때 연기가 무엇이냐고 물어본 적이 있습니다. 어떻게 하면 연기를 그렇게 잘하는 거냐고. 타고난 센스가 있으면 조금만 배워도 타다닥 연기를 하는 거고 센스가 꽝이면 아무리 배워도 최고의 경지까지 가긴 어렵다고 하더군요.

그런데 세상이 그렇게 불공평하지만은 않아요. 일머리가 있으면 남보다 더 많은 일을 하게 됩니다. 혹사당하고 소진됩니다. 일머리가 없으면 아무래도 일을 덜하게 됩니다. 꿈은 크지만 재능이 없다, 이렇게 목표지향적으로만 생각하면 재능 없는 사람이 한없이 비극적으로 느껴질지도 모르겠어요. 그런데 고생이라는 측면만 생각해볼까요. 일머리가 없는 사람들에게는 여유가 있습니다.

그러면 일을 더 많이 하는 사람, 덜 하는 사람이 생깁니다. 일의 총량은 늘어나는데 그 일을 나누어 가질 수 없고 일을 잘하는 사람에게 더 많은 일이 가게 마련이고요.

조직이 비대해지면 그만큼 또 누수가 있습니다. 저도 그 점에 대해 정말 많은 고민을 했지만 결론이 잘 나질 않더라고요. 진짜 일다운 일을 하는 사람은 소수였어요. 일이 특정 소수에게 몰리지 않게 효율적으로 잘 분배하자, 이것도 어쩌면 이상에 불과한 말인지도 모르겠어요.

스타트업이 사람에게 의존하는 경향이 강하기는 해도 시스템이 엄연히 존재하는 조직이에요. 일 잘하던 사람이 빠지면 회사가 안 굴러갈 것 같아도 어떻게든 회사는 굴러갑니다. 그게 조직의 힘입니다. 그렇게 시스템을 만들어놓는 것도 CEO의 미션 중 하나죠.

제가 신이 될 수는 없어요. 저에게 부족한 점이 무엇인지 잘 알고 있다는 점이 제 장점 중 하나라고 생각합니다. 제가 혼자서는 회사를 이끌 수 없어요.

유방은 능력 면에서는 항우를 따라갈 수가 없어요. 그런데 다 가진 사람이었습니다. 수많은 사람들을 한곳에 모아서 적재적소에 쓰는 능력이 있으면 다 가진 거예요. 저에게는 그런 능력이 없어요.

사람을 잘 쓰는 사람들의 특징 중 하나가 다른 사람들이 봤을 때는 유능한 사람이 아니라는 거예요. 능력 면에서 좀 부족해야 해요. 그래야 다른 사람 말을 들을 수 있죠. 그런데 대표님은 스스로 말했듯이, 이미 나에게 기발한 수많은 아이디어가 있는데, 나보다 아이디어를 많이 내는 사람이 없는데, 다른 사람들의 말을 잘 듣기는 어려울 것 같아요.

네, 인정합니다. 그런데 회사를 운영하면서 많이는 아니더라도 조금은 변했습니다. 예전에는 제 기준에 못 미치는 사람들에게 소리도 질렀습니다. 그들을 이해하지 못했거든요. 더 빠르고 효율적으로 일하는 법을 알려줬는데도 제 방식대로 안 하고 못 하는 사람들을 보면 참을 수가 없었어요. 그런데 저도 이제는 그렇게까진 안 해요.

CEO 능력만으로는 회사를 꾸리기 어렵다는 자각

CEO 능력만으로는 회사를 꾸리기 어렵다는 자각 **187**
을 하신 걸까요?

돌격, 앞으로! 하는 성향을 죽이는 게 쉽지는 않죠. 죽이 되든 밥이 되든 이 사람과 일을 해야 할 때가 있으니까요. 그럴 때는 창업의 가장 좋은 점을 떠올리는 겁니다. 어디까지나 최종결정권은 CEO인 나에게 있다.

안도할 것인가, 도전할 것인가

그 결정에 따른 최악의 위험도 떠안아야 하고요.

투자자들의 간섭이 어마어마합니다. 직원들도 다 안 된다고 성화예요. 그런데 모든 분들의 말을 경청한 후에 최적의 이성적인 판단을 한다는 건 불가능해요. 아무리 완벽한 결정이라도 맹점이라는 게 존재합니다. 못 봤는지 안 봤는지 모르는 그 지점이 있습니다. 그 구멍을 CEO가 아닌 다른 사람이 대신 메워주진 않습니다, 절대로.

이쪽으로 가면 성공할 확률, 저쪽으로 가면 성공할 확률이 반반이라고 해보죠. 모든 사람의 말을 경청하고 시뮬레이션도 완벽하게 했더니 그런 기로에 서게 된 거예요. 이때, 누가 결정을 해야 할까요.

끝없이 다짐하고 자문해봐야 합니다. 최후의 결정

은 내가 한다, 나는 위험을 떠안을 각오가 되어 있는 사람인가, 나는 큰 결정을 할 수 있는 사람인가. 이건 무슨 일을 하든 마찬가지일 거예요.

인생의 가장 중요한 목표가 무엇인가요? 거부가 되겠다는 건 확실하게 아닌 것 같습니다.

예전에는 유니콘 기업을 만들고 싶었어요. 코로나 위기를 겪으면서 저도 변했습니다. 지금은 OTD를 재건하는 거예요.

함께 OTD를 일구어냈던 핵심 멤버들이 지금 다 흩어져 있어요. 어느 정도 파도가 지나고 나니까 우리가 함께 일하던 때를 그리워하더라고요. 그 친구들과 함께 다시 일하고 싶어요. OTD가 한창 성장할 때 정말 자신감이 있었거든요. 그 자신감을 되찾고 싶어요.

돈이 목표는 아니다, 나에겐 세상을 바꾼다는 목
표가 있다, 목표를 공유하는 사람들이 강한 동기
로 뭉쳐서 일을 해낸다. 이런 생각이 대표님의 약
점이기도 한 것 같습니다.

정확하게 보셨습니다.

제가 정말로 아꼈던 친구들이 왜 회사를 떠났을까
곱씹어보니 저한테도 원인이 있다는 걸 알게 됐어
요. 어떤 일이 있어도 나는 대표님과 한배를 타겠다,
하던 친구들이었는데 제가 그 친구들의 동기만 봤
던 겁니다.

저는 나름대로 챙겨줬다고 생각했는데 그 친구들
입장에서는 그렇지 않았던 거예요. 부족했던 거예
요. 제가 그걸 미리 알았더라면 제 몫이라도 떼서 줬
을 거예요. 그런데 그때는 그런 생각 자체를 못 했습

니다.

제가 중개 역할을 해서 건물을 비싸게 팔았던 이야기를 했을 거예요. 건물주가 고맙다면서 저에게 비싼 시계를 선물로 줬습니다. 그런데 10년 동안 손목에 차본 적이 없어요.

그런데 동네 맛집 사장님을 설득해서 떵굴 온라인에서 팔고 싶다, 이런 욕망은 무한대예요. 떡볶이도 그렇고 떡도 그렇고, 이런 걸 소비자에게 선보이고 싶다는 생각을 하지, 돈을 벌고 싶다는 생각을 못 하는 거예요. 떡을 명절에만 먹는다는 고정관념을 버리자, 이 떡이 디저트 업계에 새바람을 불러일으킬 수도 있다.

일이 이렇게 즐거운데, 우리에게는 강력한 동기가 있는데, 돈이 무슨 문제야. 저는 그런 사람이지만, 다른 사람들도 다 그럴 거라는 것은 망상이었죠.

일차적으로는 상장이 목표입니다.

누가 뭐라고 해도, OTD는 리테일 업계, 오프라인 업계에서는 의미 있는 회사입니다. 코로나 때문에 온라인으로 무게추가 이동하긴 했지만 온라인이 오프라인을 완전하게 대체할 순 없습니다. 온라인 커머스에서도 콘텐츠 없이는 살아남기 힘들죠.

오프라인에서 무언가를 하려고 하는 기업들이 다시 OTD에 연락을 하기 시작했어요. 투자 움직임이 있습니다. 그들이 보기에도 콘텐츠의 위기가 온 것입니다. 찾아보니 OTD만 한 게 없는 거죠.

대표님은 개인의 만족이며 성장에 욕심이 많은 것
같은데요. 재미있는 것을 하겠다, 하는.

**회사의 성장이 곧 제 개인의 성장이기도 합니다.
제가 만족하고 말겠다는 사적인 욕심이 아니라 시
장을 선도하고 싶다는 욕망이 있습니다.**

기업의 일차적 목표는 이윤 추구, 단순하게 말하면
돈을 버는 것이죠. 하지만 그렇게 접근할 게 아니라
기업이 콘텐츠를 만들어낼 수 있어야 하고, 그 콘텐
츠가 소비자를 만족시켜야 한다는 게 제 생각입니
다. 그게 돈이 될 수 있다는 걸 증명하고 싶습니다.

제가 만들어낸 콘텐츠를 통해 사람들이 예전에 전
혀 하지 못했던 경험을 하게 만드는 것. 그게 목표
예요.

창업하려는 분들에게 "많은 것을 포기해야 한다, 죽기 직전까지 고통스럽다"라는 말을 앞에서 하셨어요. 대표님은 무엇을 포기하셨나요.

아마 제가 결혼을 했더라면 창업할 결심을 못 했을 거예요. 리스크를 가족에게도 감당하라고는 못 할 것 같거든요. 하지만 이건 어디까지나 저의 경우입니다.

적당히 했어야 했는데 그러지 못했어요. 직장인으로
있을 때 하고 싶은 것을 못 하게 하니까, 창업한 후
에는 몸이 달았어요. 이것도 하고 싶다, 저것도 하고
싶다.

코로나가 변수였죠. OTD에서 손을 떼고 띵굴 대표
만 맡아서 온라인으로 돌파구를 찾았는데, 이제는
띵굴 대표도 사임했습니다. 얼마 전부터 물류 배송
스타트업 메쉬코리아로 출근하고 있습니다. 현재 오
프라인에서 가장 역동적인 섹터가 바로 이 물류 배
송이에요. 그 외 다른 분야는 코로나로 인한 추운 겨
울을 더 보내야 할 것 같아요.

대표님이 메쉬코리아를 선택했다는 것은 오프라인 비즈니스 산업에서 굉장히 상징적인 일 같습니다. 지금 오프라인 사업을 할 적기는 아니라고 판단하신 건가요?

메쉬코리아가 물류 배송 스타트업이긴 하지만 온라인보다는 오프라인 사업에 더 가깝습니다. 코로나 이전에는 OTD가 중소형 건물에 서점도 넣고 빵집도 넣고 밥집도 넣어서 사람을 오게끔 했는데 지금은 그것이 쉽지 않잖아요. 그런 중소형 건물을 물류 센터로 만드는 일이에요.

비마트 같은 거예요. 물리적 실체는 없는데 그 지점에서 배달이 되는 거예요. 그런 거점들이 막 생겨나고 있습니다.

왜 중소형 건물이냐면, 쿠팡 같은 초대형 물류센터

에서는 아무리 배송 시간을 줄여도 6시간이 한계입니다. 그 이하로 줄이기는 힘들 거예요. 그래서 새벽배송이 쿠팡에서는 최적의 답입니다. 그런데 30분 안에 물건을 받아야 할 때는 어떻게 할까요. 물류센터가 외곽에 있으면 불가능해요. 동네마다 물류센터가 있어야 한다는 답이 나옵니다. 1층에는 리테일 공간, 2층에는 물류센터가 들어갈 수 있는 도심의 중소형 건물이 필요한 거죠. 공유 주방이 입점해도 됩니다. 이른바 고스트 슈퍼마켓, 고스트 키친이죠.

온라인 공간이 붐빈다고 해서 오프라인 공간이 완전히 죽지는 않아요. 이런 오프라인 공간의 변화가 당분간은 지속될 것 같습니다.

제가 창업하기 전에 대기업에서 일을 했던 경험 덕분에 OTD나 떵굴에서 시스템을 정립하는 것만큼은 비교적 수월했다고 생각해요. 하지만 메쉬코리아는 조직 생활을 해본 적 없는 친구들이 모여서 창업한 곳이라서 많이 달라요. 큰 시스템을 경험한 적 없는 사람들이 만든 조직이 거대한 조직이 되었으니 처음 그대로의 매우 자유분방한 분위기가 있습니다. 그래서 대기업 임원 출신들이 입사를 했다가 적응을 못 하고 나가시기도 하더라고요. 저한테도 완전히 새로운 조직 문화예요. 재미있습니다.

또 하나는, 부담이 많이 줄었다는 점입니다. 직원이 없으니 좀 가벼운 느낌입니다.

창업자들을 위해 조금 더 실질적인 조언을 해주실 수 있을까요? 회사를 운영하시면서 큰 위기를 겪으셨기 때문에 또 다른 이야기를 하실 수 있을 것 같습니다.

삶의 균형을 맞출 것. 짧게는 그렇게 말씀드릴 수 있습니다.

어떤 목표를 가지고 제가 그것에 올인했던 시절도 있었습니다. 미친 듯이 잘나갈 때는 스포트라이트도 한껏 받았습니다. 세상만사를 모 아니면 도, 이렇게 바라보던 적도 있었어요. 제가 그렇게 살아온 것에 대해서는 후회가 없습니다.

그러다가 어느 순간 고꾸라졌을 때 그게 그렇게 억울하고 힘들더라고요. 외부의 위기뿐 아니라 내부의 위기가 겹쳐서 더 그랬을 거예요. 어떻게 네가 감히 나에게 이럴 수 있어? 그런 생각으로 정말 괴로웠습니다. 그런데 지금은 차분해졌어요.

그리고 이왕이면 동업을 하길 권합니다. 옆에 믿을 만한 누군가가 있으면 실패하더라도 재기할 용기가 생깁니다.

위기를 대하는 마음가짐이 달라졌다는 건가요?

과연 나에게 내일이 있을까? 사업을 하다 보면 이런 생각을 하게 되는 순간이 반드시 찾아옵니다.

그때는 너무 멀리 보지 말고, 내일도 보지 말고, 오늘 하루만 생각하자. 그렇게 견뎌야 합니다. 그러다 보면, 이제 정말 끝이다, 이런 순간에도 해결책이 나오고 기회가 찾아와요.

솔직히 말씀드리면, 넌덜머리가 났어요. 창업하지 말걸, 이제 그만하자. 번아웃이었던 거예요. 그런데 생각해보세요, 살다가 너무 힘들어서 이제 그만하자, 태어나지 말걸, 이런 순간이 없었던 사람이 있을까요?

그때 그만두면 지는 거예요. 그런 생각은 할 수 있지만 행동으로 옮기진 마세요.

어려울 때 정말 유혹이 많았습니다. 제가 조금만 나쁜 마음을 먹으면 합법적인 테두리 내에서 제 사적인 이익을 취하고서 빠져나올 수도 있었어요. 하지만 저는 그러지 않았습니다. 제가 그간 일군 것들을 그렇게 포기하고 싶지 않았습니다. 제 목표가 돈은 아니었어요.

하루하루를 살았어요. 하루하루에 최선을 다했어요. 굉장히 단순한 조언 같지만, 엄청난 위기 앞에서 내일을 생각하지 않고 오늘 하루만 생각하고 견디고 최선을 다한다는 게 그렇게 쉽지는 않습니다.

그때 선을 넘었으면 그야말로 탐욕을 취하는 게 되는 거고요. 하지만 그렇게 하지 않으셨습니다. 한국에서는 창업이 머니 게임이 되는 경우가 많잖아요. 그래서 지금 우리가 손창현이라는 사람이 더 잘되기를 바라는 거 아닐까 싶습니다. 다시 과거로 돌아간다면 그래도 창업을 하시겠습니까?

물론입니다.

회사 다니면서 주어진 조건하에서 일을 해내고 성취감을 느끼는 사람도 있습니다. 그게 나쁘다는 게 아니에요. 하지만 그 조건이 너무 갑갑하다고 느끼는 분들이 있을 거예요. 제가 그랬습니다. 재미가 없었고, 재미가 없으니 의미가 없었어요.

제가 마지막으로 근무했던 회사는 정말 좋은 회사였어요. 연봉도 높았고 회사에서 인정도 받았거든요. 그런데 저는 그것만으로는 행복해질 수 없는 사람이었어요. 신나지 않았어요.

어떻게 그렇게 살 수 있습니까? 창업한 후에 제가 많이 들은 말이에요. 부러움과 걱정이 섞여 있는 말입니다. 본인은 어떤 쪽인가 생각해보면 됩니다. 나는 창업한 사람을 부러워하는가, 아니면 걱정하는가. 부러움이 조금이라도 있다면 해보는 수밖에 방법이 없습니다.

단, 너무 이른 나이에 창업하는 건 권하지 않아요. 사회 경험이 너무 없으면 자기 네트워크도 없어요. 본인의 네트워크가 있어야지 회사도 잘되거든요. 그렇다고 너무 늦지는 않게, 하지만 하고 싶은 것이 있다면, 그럼에도 불구하고, 시도는 해보셨으면 합니다.

아무것도 걸지 않고 그저 성공만을 바란다는 건 게으르고 안이한 거예요. 스타트업으로 내 인생을 역전하겠다, 그렇다면 인생을 걸어야 하지 않을까요.

대표님과 인터뷰를 하면서 제가 뽑은 키워드는 이것입니다. 재미와 의미. 대표님에게는 두 단어가 같은 뜻을 지니는 것 같습니다.

동기는 누가 채워줄 순 없으니까요. 본인이 재미있다고 느끼는 일을 해야 잘할 수 있어요. 재미있는 일이 의미 있는 일이 됩니다. 엄청나게 고통스럽더라도 그 일이 본인에게 의미가 있으면 재미가 있는 거예요.

다시 한번 말씀드리자면, 저는 제가 원하는 것을 만들고 싶은 사람이지, 남이 원하는 것을 만들고 싶은 사람은 아니었던 거예요. 재미와 의미를 나 아닌 다른 사람에게서 찾을 수 있다고는 생각지 않습니다.

나는 할 수 있을 것 같은데 사람들은 왜 못 한다고
하지?

그 단순한 질문과 호기심으로 창업한 지 벌써 10년
째다. 40대가 된 지금 돌이켜보면 나의 30대는 가장
활력 넘치던 시기였고 모든 걸 불살랐던 시간이다.
고단함을 보상받고도 남을 성공도 해보고 칭송도
받았다.

성공의 정점에 섰을 때, 코로나가 덮쳤다. 성공했다
고 생각했을 때, 순식간에 모든 게 사라졌다. 과거
20년 동안보다 최근 2년간 겪은 일이 더 많고 더 힘
들었다. 이제는 정말 마지막이라고 생각했던 순간,
그래서 포기하려 했던 순간을 숱하게 겪었다. 걸어
도 걸어도 출구가 보이지 않는 터널 속에서 잠깐 정

신을 차려보면 세상천지가 깜깜했다. 그 터널에 들어서기 전에 이루어놓았던 많은 것들이 단 하나도 보이지 않았다. 모든 성취가 흔적조차 남기지 않고 사라져버린 것 같았다. 손에 아무것도 쥐어지지 않았다.

"지금은 무언가를 바꾸려 하지 말고 그냥 파도에 몸을 맡겨야 합니다." 나를 옆에서 지켜보던 친구의 말에 그런 생각을 했다. 내가 너무 욕심을 많이 부렸던 건 아닐까. 무언가를 끊임없이 갈망하는 내 성향 때문에 내가 힘들었던 건 아닐까. 그래서 친구의 말대로 그냥 파도에 몸을 맡겼다. 실은 무언가를 더 시도할 에너지도 없었다. 어쩔 수 없는 것에 전전긍긍하기보다 어쩔 수 없는 것은 어쩔 수 없는 대로 두었다. 그랬더니, 늘 긴장되었던 몸이 마음이 조금은 느슨해지고 편해지기도 했다. 그러나 그것도 잠시였다.

창업을 결심하고 실행에 옮기던 때처럼 몸과 마음

이 뜨거워지기 시작했다. 뭔가가 꿈틀댔다. 2년간 너무 많은 에너지를 소진해서 더 이상은 남아 있지 않겠다 싶었는데도 열정이 들불처럼 일어난 것이다. 다시 꿈을 꾸었고 그 꿈을 현실로 만들기 위해 달리기 시작했다. 나는 갖고 싶은 것을 가졌을 때보다 하고 싶은 일을 할 때 행복해지는 사람이다.

20대엔 멋진 건축가를 꿈꾸고 30대엔 멋진 기업가를 꿈꾸었다. 40대의 나는 무엇을 꿈꾸게 될까. 다시 영광을 꿈꾼다. 내가 만든 공간에 사람들이 와서 환호하는 꿈이다, 그런 영광이다. 코로나로 많은 것을 잃었다고 생각했지만 다 잃지는 않았다. 나는 나를 지켰다. 하고 싶은 일을 본능적으로 찾고 또 하고 있다. 그리고 심지어 더 큰 성과를 맛보고 있다.

실패에 지지 말아야 한다. 하루하루를 잘 버티면 산적했던 문제들이 어느새 해결되고 정리되어간다. 모든 도전이 다 성공할 수 없고 모든 스타트업이 다 살아남을 수 없다. 그래서 과정을 즐겨야 한다. 재미

있는 일을 해야 한다. 그 재미를 위해 때로는 다른 것을 희생해야 한다. 너무 비장한 말처럼 들릴지도 모르겠다. 그런데 인생을 걸지 않는데 어떻게 세상을 바꿀 수 있을까.

지금 무엇을 해야 할지 망설이는 분들에게, 그리고 자신의 선택이 옳은지 확신하지 못 하는 분들에게 나의 이야기가 도움이 되었으면 한다. 신기주 기자님의 질문을 받고 내가 답을 하면서 만든 이 책은 나에게도 의미 있는 기록물로 남을 것이다.

창업에서든 인생에서든 재미 속에서 뒹굴어야 한다. 순간순간을 즐겨야 한다.

손창현